JN014591

もくじ

1章
洋風サンド

2章
和風サンド

3章
エスニックサンド

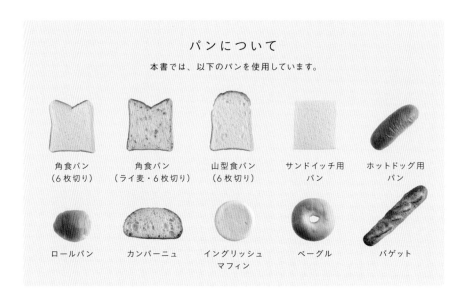

パンについて

本書では、以下のパンを使用しています。

角食パン
（6枚切り）

角食パン
（ライ麦・6枚切り）

山型食パン
（6枚切り）

サンドイッチ用
パン

ホットドッグ用
パン

ロールパン

カンパーニュ

イングリッシュ
マフィン

ベーグル

バゲット

本書の決まりごと

分量の表記について

- 小さじ1は5㎖、大さじ1は15㎖です。
- 少量の調味料の分量は「少々」としています。親指と人差し指でつまんだ量です。

調味料、食材について

- バターは有塩バターを使用しています。
- オリーブオイルはエキストラバージンオリーブオイルを使用しています。
- 調味料類は、特に指定のない場合、みそは合わせみそ、しょうゆは濃口しょうゆ、砂糖は上白糖を使用しています。
- 野菜類は、特に指定のない場合は洗う、むくなどの作業を済ませてから手順を説明しています。

使用する機器について

- この本ではオーブンレンジ、オーブントースターを使用しています。機種やメーカーによって、温度、加熱時間が変わりますので、表記の時間は目安にして、様子をみながら調整してください。
- 電子レンジの加熱時間は600Wのものを使用した場合の目安です。500Wなら1.2倍を目安に、時間を調整してください。
- フライパンはフッ素樹脂加工のものを使用しています。

保存について

- 冷蔵庫または冷凍庫の性質や保存環境によって、保存状態は異なります。保存期間はあくまで目安と考え、早めに食べ切りましょう。

カロリーについて

- カロリーは、総カロリーを多いほうの人数で割り、1人当たりの基準として掲載しています。パンのカロリーも含んでいます。

おいしいサンドを作るポイント

パンと具材のバランスや挟み方を工夫して、彩り豊かなサンドを作りましょう。
心を込めて手作りしたごちそうサンドは、お腹も心も満たしてくれます。

パンのボリュームに負けないくらい、具材に満足感を出す。

パンの大きさ、生地の厚みや食感に合わせて具材の量を調整し、どちらのおいしさも味わいましょう。噛みごたえのある具材（肉や根菜類）も満足感につながります。

具材の量や形状に合わせて食べやすい盛りつけにする。

一口の量や食べるときの口の開き具合など、食べやすさも大切です。具材が細かければ葉野菜を1枚ひいたり、ボリューミーなら重ねる順番を意識したりすると◎。

葉野菜、根菜、肉や魚をミックスさせて食感の違いを楽しむ。

シャキシャキの葉野菜、歯ごたえのある根菜、メイン具材にぴったりな肉や魚などさまざまな食材を組み合わせて、パン生地との食感の違いを味わいましょう。

サンドの食べごたえが増す　食材の切り方バリエーション

太めの千切り

葉野菜など葉1枚ではボリュームが出しにくい野菜は、太めに千切りするとずっしり感が出ます。カサが増すので噛む回数も増え、満腹感を得られます。
→ P.140 桜えびとキャベツのナンプラーマヨサンドなど

角切り

小さめで食べやすく、どんな食材でも大きさを統一しやすいので、口にふくんだときに味にまとまりが出ます。小さなお子さん用のサンドにもおすすめですよ。
→ P.056 さつまいもとアールグレイのベーグルサンドなど

薄切り

薄切りはパンに挟みやすい上に、たくさん重ねて盛りつけることができるので存在感を出したいときにも。ソースやペーストともよくなじみます。
→ P.106 玉ねぎと小ねぎのゆずほたてロールサンドなど

厚めの輪切り

ときには、パンと同じくらいの厚さに大胆に切ってみましょう。食べたときの充実感はもちろん、見た目の華やかさにも気分が上がりますよ。
→ P.150 麻婆そぼろとトマトのモッツァレラサンドなど

えびとアボカドの
アーリオオーリオサンド

材料（2人分）

食パン（山型・6枚切り）---2枚　　塩 --- 小さじ1/4
むきえび --- 大4尾　　　　　　　粗挽き黒こしょう --- 少々
アボカド --- 1/2個　　　　　　　マヨネーズ --- お好みの量
ブロッコリー --- 1/4株（約35g）　オリーブオイル --- 大さじ1
にんにく --- 1片（6g）

作り方

1 えびは竹串で背ワタを取る。アボカドは4等分のくし切り
にする。ブロッコリーは小房に分けて縦半分に切る。にん
にくは薄切りにする。

2 フライパンにオリーブオイルをひき、**1**のにんにくを弱火
で炒める。にんにくの香りがたってきたら、えび、アボカ
ド、ブロッコリーを入れて中火で炒める。

3 えびに火が通ったら塩、粗挽き黒こしょうで味つけする。

4 食パン2枚は1000Wのオーブントースターで2〜3分焼く。
焼けたら1枚に**3**をのせ、マヨネーズをかける。もう1枚
で挟み、半分に切る。

🍽 料理＆栄養メモ

香ばしく焼いたえびやアボカド、ブロッコリーの風味がたまらない一品で
す。アボカドは生で食べてもおいしいですが、焼くとほくほくとした味わ
いがおいしいので、ぜひお試しください。

(1章) 洋風サンド

パンの楽しみ方がもっと広がる、色とりどりのフレッシュ野菜を贅沢に使った
洋風のごちそうサンドです。素材そのものの旨みを活かしたシンプルな味わいから、
濃いめの味つけで満足度の高いサンドまで、バラエティ豊富です。

きゅうりとシャケディルのサンド

1人あたり
165
kcal

材料（2人分）

サンドイッチ用パン --- 4枚
きゅうり --- 1本
シャケディルペースト
　（P.063参照）--- 50g

作り方

1 きゅうりは横半分に切り、縦3mm幅の薄切りにする。

2 サンドイッチ用パン2枚に **1** を重ねながらのせ、シャケディルペーストをのせて広げる。

3 **2** を残りのパン2枚でそれぞれ挟み、半分に切る。

 料理＆栄養メモ　さっぱりとした味わいのきゅうりと、清涼感のあるディルがよく合います。夏の食欲がないときなどにも。きゅうりは重ねながらのせてボリュームを出しましょう。

ズッキーニといわしトマトの
ロールサンド

1人あたり
184
kcal

材料（2人分）

ロールパン --- 2個

ズッキーニ --- 1/2本 (50g)

トマト（1cm幅の輪切り）--- 1枚

塩 --- 少々

いわしのトマトペースト

　（P.063参照）--- 大さじ2

オリーブオイル --- 小さじ2

作り方

1 ロールパン2個は横に切り目を入れ、1000Wのオーブントースターで2〜3分焼く。

2 ズッキーニは1cm幅の輪切りにし、表面に縦横2本ずつ切り目を入れる。トマトは半分に切る。

3 フライパンにオリーブオイルをひき、**2**のズッキーニを中火で焼く。両面に焼き色がついたら、塩をふる。

4 **1**にいわしのトマトペーストをぬり、**2**のトマト、**3**をのせて挟む。

 料理 & 栄養メモ　ズッキーニは表面に切り目を入れて、火を通りやすく。焼き色をしっかりとつけることで甘さと香ばしさがアップし、いわしの風味ともマッチします。

エッグベネディクト風
サーモンのオープンサンド

1人あたり
416
kcal

材料（2人分）

イングリッシュマフィン --- 2個

スモークサーモン --- 4枚（30g）

卵 --- 2個

Ⓐ | バター --- 20g
| 卵黄 --- 1個分
| マヨネーズ --- 大さじ1と1/2
| レモン汁 --- 小さじ1
| 塩 --- 少々

ピンクペッパー（なくても可）--- 少々

作り方

1 ソースを作る（Ⓐ）。耐熱容器にバターを入れてふんわりとラップをし、600Wの電子レンジで20〜30秒加熱して溶かす。ボウルに卵黄、マヨネーズを入れて混ぜ、溶かしバターを少しずつ加えながらなじませる。レモン汁を少しずつ加えながら混ぜ、塩を加えてさらに混ぜ合わせる。

2 半熟卵を作る。小さめの耐熱容器に卵が浸る量の水を入れ、卵1個を割り入れる。卵黄の部分につまようじで1カ所穴をあけ、600Wの電子レンジで50秒ほど温める。そのまま1分冷ます。もう1個も同様に作る。

3 イングリッシュマフィン2個は半分に割り、1000Wのオーブントースターで2〜3分焼く。

4 3の半分にスモークサーモンを2枚ずつ、2を1個ずつのせる。1をかけ、ピンクペッパーをふる。

🗹 料理＆栄養メモ　本来はポーチドエッグですが、電子レンジで簡単に作れるお手軽半熟卵で代用しています。ちぎったイングリッシュマフィンをソースにディップしながら召し上がれ。

ツナとミニトマトの
カマンベールオープンサンド

1人あたり
160
kcal

材料（2人分）

食パン（山型・6枚切り）--- 1枚

ツナ缶（水煮）--- 1缶（70g）

ミニトマト --- 4個

カマンベールチーズ（カットタイプ）

　　--- 3ピース（60g）

レモン汁 --- 小さじ1

オリーブオイル --- 小さじ2

塩 --- 少々

粗挽き黒こしょう --- 少々

作り方

1　ツナは水けをきる。ミニトマトは横半分に切る。カマンベールチーズは縦半分に切る。

2　食パンに **1** をのせて、レモン汁をふりかける。オリーブオイルを回しかけ、塩、粗挽き黒こしょうをふる。

3　1000Wのオーブントースターで、カマンベールチーズの表面が溶けるまで **2** を5〜6分焼く（パンの裏面がしっかりと焼けるので、焦げつきが気になる場合は専用のトレーにのせて焼く）。焼けたら取り出し、半分に切る。

 料理 & 栄養メモ　　ミニトマトに含まれるリコピンは、強い抗酸化作用があり、生活習慣病の予防にも効果が期待できます。油と摂ると吸収率が上がるので、オリーブオイルとともに。

かじきムニエルと
セロリのタルタルサンド

1人あたり
603
kcal

材料（2人分）

バゲット（10cm幅）--- 2個

めかじき（切り身）--- 2切れ

フリルレタス --- 葉2枚

塩 --- 少々

粗挽き黒こしょう --- 少々

薄力粉 --- 小さじ2

Ⓐ｜卵 --- 1個
　｜セロリ --- 1/5本（20g）
　｜マヨネーズ --- 大さじ2
　｜塩 --- 少々

オリーブオイル --- 小さじ2

バター --- 10g

作り方

1 めかじきは両面に塩、粗挽き黒こしょうをふる。10分ほどおき、ペーパータオルで水けをふき取り、薄力粉を全体にまぶす。

2 セロリのタルタルを作る（Ⓐ）。鍋に、卵が浸かる量の水、常温に戻した卵、塩少々（分量外）を入れて火にかける。沸騰した状態で13分ほどゆでて殻をむく。セロリはみじん切りにする。ボウルにすべての材料を入れて、卵をフォークの先でつぶしながら和える。

3 フライパンにオリーブオイルをひいてバターを溶かし、**1**を片面4分ずつ中火で焼く。

4 バゲット2個は横に切り目を入れる。フリルレタスをひき、**3**をのせて、**2**をたっぷりのせる。

POINT

重めのタルタルソースには
爽やかなセロリの風味をプラス

こってりしがちなタルタルソースは、セロリを入れることで最後までさっぱりと食べ進めることができます。揚げものとの相性がいいので、たっぷりのせましょう。

 料理 & 栄養メモ　セロリの茎にはカリウムが豊富なので、血圧を安定させる効果が期待できます。タルタルソースに入れると、シャキシャキとした食感がプラスされておいしいです。

ツナジンジャーとルッコラのサンド

1人あたり
299
kcal

材料（2人分）

食パン（ライ麦・6枚切り）--- 2枚

ルッコラ --- 1/2株（30g）

ツナジンジャーペースト

　（P.059参照）--- 70g

作り方

1 ルッコラは3cm幅に切る。

2 食パン1枚にツナジンジャーペーストをぬり、**1**をのせる。もう1枚で挟み、半分に切る。

料理＆栄養メモ　ルッコラのほのかな苦味がいいアクセントになり、サンドの風味にメリハリをつけてくれます。ツナジンジャーペーストのまろやかな味わいとマッチします。

生ハムとエビトマトのサンド

材料（2人分）

サンドイッチ用パン --- 4枚

生ハム --- 4枚

エビトマトペースト

（P.062参照）--- 大さじ4

レタス --- 葉1枚

スライスチーズ --- 2枚

作り方

1 レタスはサンドイッチ用パンにのる大きさに手でちぎる。

2 サンドイッチ用パン2枚に、エビトマトペーストをぬる。スライスチーズを1枚ずつのせ、生ハムを2枚ずつのせる。

3 1をのせて、残りのパン2枚でそれぞれ挟む。半分に切る。

☑ 料理 & 栄養メモ　やわらかな生ハムやチーズ、シャキシャキの葉野菜が相性抜群！　生ハムはロースハムに比べて糖質が低く、たんぱく質が豊富。サンドの具材としても重宝します。

たことパセリの
スパニッシュオムレツサンド

1人あたり
391
kcal

材料（2人分）

食パン（6枚切り）--- 2枚

たこ（ボイル）--- 50g

パセリ --- 5g

卵 --- 2個

ピザ用チーズ --- 20g

塩 --- 少々

Ⓐ マヨネーズ --- 大さじ2
　 レモン汁 --- 小さじ1

作り方

1 たこは一口大に切る。パセリは粗みじん切りにする。

2 ボウルに卵を溶き、**1**、ピザ用チーズ、塩を入れて混ぜ合わせる。

3 耐熱皿（横9×縦11×深さ5cmほどの深皿）の内側にバター少々（分量外）をぬり、**2**を流し入れる。170℃に予熱したオーブンで15分ほど焼く。

4 食パン2枚は1000Wのオーブントースターで2～3分焼く。1枚の片面にⒶをぬり、**3**をのせる。もう1枚で挟み、半分に切る。

 料理＆栄養メモ　　たことチーズの旨みをぎゅっと閉じ込めた、スパニッシュオムレツサンドです。マヨネーズにレモン汁をプラスして、爽やかな味のソースに仕上げました。

ブロッコリーの
明太チーズメルトサンド

1人あたり
355
kcal

材料（2人分）

食パン（ライ麦・6枚切り）--- 2枚
ブロッコリー --- 1/3株（50g）
Ⓐ
├ 明太子 --- 1腹（40g）
├ しょうが --- 1/2片（3g）
└ マヨネーズ --- 大さじ2
スライスチーズ --- 2枚
バター --- 5g

作り方

1 ブロッコリーは小房に分ける。鍋に塩少々（分量外）を入れたたっぷりのお湯を用意し、2分ほどゆでる。ザルにあげて水けをきり、縦半分に切る。

2 Ⓐの明太子は薄皮をはがして身をほぐし、しょうがはすりおろす。ボウルに **1**、Ⓐの材料を入れて和える。

3 食パン1枚のフチに沿って包丁の先で浅く切り目を入れ、スプーンで押してくぼみを作る。くぼみにスライスチーズ、**2** をのせてもう1枚で挟む（P.116の1〜3参照）。

4 フライパンにバターを溶かし、弱中火の状態で **3** をのせる。アルミホイルをかぶせて、重石をのせて焼く。2〜3分焼いたらひっくり返し、再びアルミホイルをかぶせて重石をのせる（P.116、117の4〜7参照）。

5 焼き色がついたら取り出し、半分に切る。

🗒 料理＆栄養メモ　　明太マヨ風味のボリューミーなホットサンド。チーズと組み合わさったときにこってりしすぎないよう、すりおろしたしょうがを加えてさっぱり感を出しています。

021

ロールささみフライと
サラダほうれん草のサンド

材料 (2人分)

バゲット (20cm幅) --- 1個

鶏ささみ --- 2本

サラダほうれん草 --- 20g

スライスチーズ --- 2枚

塩 --- 小さじ1/4

粗挽き黒こしょう --- 小さじ1/4

片栗粉 --- 大さじ3

溶き卵 --- 1個分

パン粉 --- 大さじ6

マヨネーズ --- 大さじ1

とんかつソース (市販) --- お好みの量

サラダ油 --- 適量

作り方

1 ささみは筋を取り、左右に浅く切り目を入れながら開く。上からラップをかぶせて、めん棒などでたたいて薄く伸ばす。塩、粗挽き黒こしょうを両面にふり、10分ほどおく。水けが出てきたらペーパータオルでふき取る。

2 スライスチーズは半分に切る。**1** の1本に半分に切ったチーズを重ねてのせ、下から上にくるくると巻く。もう1本も同様に巻く。

3 フライパンに4cm深さほどサラダ油を入れて、180℃に温める。**2** に片栗粉→溶き卵→パン粉の順にまぶし、4分ほど揚げる。

4 バゲットは縦に切り目を入れる。切り目にマヨネーズをぬり、サラダほうれん草をのせる。4等分に切った **3** を挟み、とんかつソースをかける。

料理 & 栄養メモ　鶏ささみは、鶏肉の部位のなかでも高たんぱく・低カロリーなので揚げてもあっさりと軽い仕上がりに。お財布にもやさしく、毎日のサンド作りの強い味方です。

鶏肉とエリンギの
クリーミー粒マスタードサンド

1人あたり
611
kcal

材料（2人分）

食パン（ライ麦・6枚切り）--- 2枚

鶏もも肉 --- 小1枚（200〜250g）

エリンギ --- 1本（50g）

レタス --- 葉1枚

Ⓐ ┃ 生クリーム
　┃ 　（乳脂肪分35%）--- 50mℓ
　┃ 薄力粉 --- 小さじ2

粒マスタード --- 小さじ2

塩 --- 少々

オリーブオイル --- 小さじ2

バター --- 10g

作り方

1 鶏肉はフォークで表面全体に穴をあける。

2 エリンギは縦半分に切り、縦に3㎜幅に切る。レタスは食パンにのる大きさに手でちぎる。ボウルにⒶを混ぜ合わせておく。

3 フライパンにオリーブオイルをひき、**1**の皮面を下にして中火で焼く。焼き色がついたらひっくり返し、フタをして3〜4分弱中火で蒸し焼きにする。焼けたら取り出す。

4 **3**のフライパンの余計な油をペーパータオルでふき取る。バターを溶かし、**2**のエリンギを入れて中火で炒める。Ⓐを流し入れ、とろみがついたら粒マスタード、塩を加えて混ぜ合わせる。

5 食パン2枚は1000Wのオーブントースターで2〜3分焼く。

6 **5**の1枚に**2**のレタスをひき、**3**、**4**をのせる。もう1枚で挟み、半分に切る。

料理 & 栄養メモ　Ⓐの材料をはじめに混ぜ合わせておくと、温めてもダマができにくく、とろみがつきやすいです。こんがり焼いた鶏肉とソースをからめながらお召し上がりください。

トマトチリチキン
ペッパーサンド

（1人あたり）
482
kcal

材料（2人分）

食パン（6枚切り）‐‐‐2枚

鶏もも肉‐‐‐小1枚（200～250g）

レタス‐‐‐葉1枚

塩‐‐‐少々

薄力粉‐‐‐小さじ2

Ⓐ
┌ 粗挽き黒こしょう‐‐‐小さじ1/4
│ ケチャップ‐‐‐大さじ3
│ 牛乳‐‐‐大さじ1
└ タバスコ‐‐‐小さじ1/2

オリーブオイル‐‐‐小さじ2

作り方

1 鶏肉はフォークで表面全体に穴をあける。塩を全体に
まぶし、薄力粉をまぶす。

2 レタスは5mm幅の千切りにする。

3 フライパンにオリーブオイルをひき、**1**の皮面を下に
して中火で焼く。焼き色がついたらひっくり返し、フ
タをして3～4分弱中火で蒸し焼きにする。

4 **3**のフライパンの余計な油をペーパータオルでふき取
り、Ⓐを入れて鶏肉にからめながら炒める。火を
とめて粗熱をとり、取り出してそぎ切りにする。

5 食パン1枚に**2**、**4**をのせる。もう1枚の片面に**4**の
フライパンに残ったⒶをぬる。Ⓐをぬった面を下に
して挟み、半分に切る。

 料理＆栄養メモ　レタスは太めの千切りにすることで、シャキシャキとした食べごたえと満足感が増
します。Ⓐのソースは、ケチャップにタバスコを加えてピリ辛な大人のトマト味に。

チキンとアボカドバジルの
バゲットサンド

1人あたり
491
kcal

材料（2人分）

バゲット（10cm幅）--- 2個

鶏もも肉 --- 150g

フリルレタス --- 葉2枚

アボカドバジルペースト
（P.058参照）--- 大さじ4

塩 --- 少々

粗挽き黒こしょう --- 少々

薄力粉 --- 小さじ2

オリーブオイル --- 小さじ2

作り方

1 鶏肉は一口大に切り、塩と粗挽き黒こしょうでもみ込む。薄力粉を全体にまぶす。

2 バゲット2個は横半分に切る。

3 フライパンにオリーブオイルをひき、**1**の皮面を下にして中火で焼く。焼き色がついたらひっくり返し、フタをして3〜4分弱中火で蒸し焼きにする。

4 **2**の下半分にフリルレタスをひき、**3**をのせる。アボカドバジルペーストをのせて広げ、もう半分で挟む。

 料理 & 栄養メモ　　塩こしょうでしっかりと下味をつけた鶏肉に、風味豊かなアボカドバジルペーストをよくからませて。薄力粉をまぶして焼くと、なかはジューシー、外はカリカリに。

牛そぼろとごぼうの
ボロネーゼサンド

1人あたり
436
kcal

材料 (2人分)

食パン (6枚切り) --- 2枚

牛ひき肉 --- 80g

ベーコン (ブロック) --- 30g

ごぼう --- 1/3本 (50g)

玉ねぎ --- 1/4個 (50g)

スーパーブロッコリースプラウト

　--- 50g

にんにく --- 1片 (6g)

塩 --- 小さじ1/4

ローリエ --- 1枚

トマトピューレ (3倍濃縮) --- 大さじ4

ワイン (赤) --- 大さじ2

オリーブオイル --- 小さじ2

作り方

1 ベーコンは粗みじん切りにする。ごぼうは皮を削ぎ、5mm幅に切る。玉ねぎ、にんにくはそれぞれみじん切りにする。スーパーブロッコリースプラウトは軸を切る。

2 フライパンにオリーブオイルをひき、**1**のにんにくを弱火で炒める。にんにくの香りがたってきたら、ごぼう、玉ねぎを入れて塩をふり、中火で炒める。

3 しんなりとしてきたら牛肉、**1**のベーコン、ローリエを入れて、ヘラなどで粗めのそぼろ状になるように炒める。

4 牛肉に半分ほど火が通ったら、トマトピューレ、ワインを加えて汁けがなくなるまで炒める。

5 食パン1枚に**1**のスーパーブロッコリースプラウト、ローリエを除いた**4**をのせる。もう1枚で挟み、半分に切る。

料理 & 栄養メモ　牛ひき肉とベーコンの2種類の肉を使って、肉汁と旨みをアップ。肉類が主張しすぎないように、ごぼうや玉ねぎを組み合わせてあっさりと食べやすくしています。

デミグラスビーフと
モッツァレラチーズのサンド

1人あたり 470 kcal

材料（2人分）

バゲット（10cm幅）--- 2個

牛こま切れ肉 --- 120g

紫玉ねぎ --- 1/6個（30g）

フリルレタス --- 葉2枚

にんにく --- 1片（6g）

モッツァレラチーズ --- 20g

Ⓐ ┌ デミグラスソース缶 --- 大さじ5
　 │ ワイン（赤）--- 大さじ2
　 └ 砂糖 --- 小さじ1/2

オリーブオイル --- 小さじ2

作り方

1 バゲット2個は横半分に切る。

2 紫玉ねぎは2mm幅の薄切りにし、水に5分ほどさらして水けをきる。フリルレタスは食べやすい大きさに手でちぎる。にんにくはみじん切りにする。

3 モッツァレラチーズは食べやすい大きさに手でちぎる。

4 フライパンにオリーブオイルをひき、**2**のにんにくを弱火で炒める。にんにくの香りがたってきたら、牛肉を入れて中火で炒める。牛肉に半分ほど火が通ったら、Ⓐを加えてさらに炒める。

5 **1**の下半分に**2**のフリルレタスをひき、**4**、**2**の紫玉ねぎをのせる。**3**をのせて、もう半分で挟む。

✓ 料理 & 栄養メモ　牛肉をデミグラスソースの味わいで仕上げ、もっちりとしたモッツァレラチーズの歯ごたえが楽しい高級感のあるサンド。ちょっと贅沢をしたい気分のときにも。

ピロシキ風春雨サンド

材料（2人分）

食パン（6枚切り）--- 2枚

牛豚合びき肉 --- 80g

玉ねぎ --- 1/6個（30g）

春雨（乾燥）--- 10g

卵 --- 1個

ナツメグ --- 少々

塩 --- 小さじ1/4

バター --- 10g

作り方

1 玉ねぎはみじん切りにする。春雨はぬるま湯に15分ほど浸して戻し、水けをきり食べやすい大きさに切る。

2 鍋に、卵が浸かる量の水、常温に戻した卵、塩少々（分量外）を入れて火にかける。沸騰した状態で13分ほどゆでて殻をむく。フォークの先で粗めにつぶす。

3 フライパンにバターを溶かし、**1**の玉ねぎを中火で炒める。薄いきつね色になったら合びき肉を入れて、ヘラなどでそぼろ状になるように炒める。合びき肉に半分ほど火が通ったら、**1**の春雨、ナツメグ、塩を入れてさらに炒める。

4 食パン2枚は1000Wのオーブントースターで2〜3分焼く。1枚に**2**、**3**をのせて、もう1枚で挟み、半分に切る。

料理 & 栄養メモ

ロシア名物の「ピロシキ」を食パンでお手軽に再現！ シンプルな味つけで、素材の旨みを感じられます。ラップなどに包むと、よりまとまりが出て食べやすいです。

ミートソースの
ピザトーストホットサンド

1人あたり
489
kcal

材料 (2人分)

食パン (6枚切り) --- 2枚

牛豚合びき肉 --- 100g

玉ねぎ --- 1/6個 (30g)

ピーマン --- 1個

にんにく --- 1片 (6g)

ケチャップ --- 大さじ3

ウスターソース --- 小さじ1

ピザ用チーズ
    --- お好みの量

オリーブオイル --- 小さじ2

バター --- 5g

作り方

1 玉ねぎは2mm幅の薄切りにする。ピーマンは3mm幅の輪切りにする。にんにくはみじん切りにする。

2 フライパンにオリーブオイルをひき、**1**のにんにくを弱火で炒める。にんにくの香りがたってきたら、玉ねぎを入れて中火で炒める。

3 玉ねぎがしんなりとしたら合びき肉を入れて、ヘラなどでそぼろ状になるように炒める。合びき肉に半分ほど火が通ったら、ケチャップ、ウスターソースを加えて味つけする。

4 食パン1枚のフチに沿って包丁の先で浅く切り目を入れ、スプーンで押してくぼみを作る。くぼみに**3**、**1**のピーマン、ピザ用チーズをのせてもう1枚で挟む (P.116の1〜3参照)。

5 フライパンにバターを溶かし、弱中火の状態で**4**をのせる。アルミホイルをかぶせて、重石をのせて焼く。2〜3分焼いたらひっくり返し、再びアルミホイルをかぶせて重石をのせる (P.116、117の4〜7参照)。

6 焼き色がついたら取り出し、半分に切る。

 料理 & 栄養メモ 　野菜やくだものの旨みがぎゅっと詰まったウスターソースを隠し味に使って、味に深みのある甘めのミートソースに。入れすぎると主張が強くなりすぎるので注意。

ピーマンとソーセージの
シナモンナポリタンサンド

1人あたり
284
kcal

材料（2人分）

ホットドッグ用パン --- 2個

ピーマン --- 2個

ソーセージ --- 2本

スパゲッティ（乾麺・1.6㎜）--- 50g

ケチャップ --- 大さじ2

シナモンパウダー --- 小さじ1/4

パルメザンチーズ

　（粉末）--- お好みの量

バター --- 10g

作り方

1 ピーマンは縦半分に切り、3㎜幅の斜め切りにする。ソーセージは5㎜幅の輪切りにする。

2 鍋に塩大さじ1と1/2（分量外）を入れた3ℓのお湯を用意し、スパゲッティをゆでる。表示規定時間よりも1分早く取り出す（ゆで汁は大さじ2残しておく）。

3 フライパンにバターを溶かし、**1**を入れて炒める。ソーセージに焼き色がついたら、**2**のスパゲッティとゆで汁を入れて炒める。

4 ケチャップを加えてさらに炒め、シナモンパウダーをふりかけて味つけする。

5 ホットドッグ用パン2個は縦に切り目を入れる。**4**を挟み、パルメザンチーズをふりかける。

Point

シナモンの甘い風味で
大人なナポリタンに

ナポリタンにシナモンパウダーという意外な組み合わせですが、シナモンの甘い香りがパスタ全体に広がって風味豊かに。少しキリッとした味の、リッチな大人のナポリタンです。

 料理＆栄養メモ　ピーマンの代わりに、赤パプリカを使っても彩りがよくおいしく作ることができますよ。パルメザンチーズをたっぷりかけて、マイルドな味わいを楽しんでも。

チリビーンズと
チョリソーのロールサンド

1人あたり
238
kcal

材料（2人分）

ロールパン --- 2個

チョリソー --- 2本

サニーレタス --- 葉1枚

Ⓐ
- レッドキドニー（水煮）--- 50g
- ケチャップ --- 大さじ2
- チリパウダー --- 小さじ1/2
- カレー粉 --- 小さじ1/4

オリーブオイル --- 小さじ1

作り方

1 チョリソーは表面に5カ所ほど浅く切り目を入れる。Ⓐのレッドキドニーは水けをきる。ボウルにⒶをすべて入れて和える。

2 サニーレタスは食べやすい大きさに手でちぎる。

3 フライパンにオリーブオイルをひき、**1**のチョリソーを中火で焼く。

4 ロールパン2個は縦に切り目を入れ、1000Wのオーブントースターで2〜3分焼く。**2**をひき、**3**、Ⓐを挟む。

 料理 & 栄養メモ　唐辛子、オレガノ、クミンなどを混ぜたミックススパイス「チリパウダー」は、メキシコ料理などによく使います。チョリソーの辛みにプラスして、より刺激的に。

なすマリネとサラミの
タルティーヌサンド

1人あたり
341
kcal

材料（2人分）

イングリッシュマフィン --- 2個

なす --- 1本

サラミ --- 6枚

Ⓐ
にんにく --- 1/2片（3g）
バルサミコ酢 --- 大さじ2
オリーブオイル --- 大さじ1
はちみつ --- 小さじ2
塩 --- 少々

オリーブオイル --- 大さじ1

作り方

1 なすはヘタを切り、スライサーなどで縦に薄く切る。水にさらし、水けをしっかりときる。

2 Ⓐのにんにくは極みじん切りにする。

3 フライパンにオリーブオイルをひき、**1**の両面を中火で焼く。粗熱をとり、Ⓐに浸して冷蔵庫で2時間ほど冷やす。

4 イングリッシュマフィン2個は半分に割り、1000Wのオーブントースターで2～3分焼く。

5 **4**の下半分にサラミを3枚ずつのせ、**3**をのせる。もう半分で挟む。

 料理＆栄養メモ　なすは、バルサミコ酢で酸味を効かせたソースにしっかり浸して味を染みこませましょう。熱々のマフィンに冷たいタルティーヌをのせて、お召し上がりください。

チェダーチーズとレタスの
マルゲリータ風サンド

1人あたり
398
kcal

材料（2人分）

食パン（ライ麦・6枚切り）--- 2枚
チェダーチーズ（スライス）--- 2枚
レタス --- 葉4枚
サラミ --- 8枚

にんにく --- 1/2片（3g）
ケチャップ --- 大さじ3
Ⓐ マヨネーズ --- 小さじ2
タバスコ --- 小さじ1/2
バジル（乾燥）--- 小さじ1/2

作り方

1 チェダーチーズは半分に切る。レタスは食パンにのる
大きさに手でちぎる。Ⓐのにんにくはすりおろす。

2 食パン2枚の片面にⒶをぬる。

3 2の1枚のⒶをぬった面に1のレタス→チェダーチー
ズ→サラミの順に4層になるようにのせ、もう1枚の
Ⓐをぬった面を下にして挟む。ラップで包んで5分ほ
どおき、半分に切る。

☑ 料理 & 栄養メモ

マルゲリータピザからヒントを得た、肉、チーズ、野菜のすべての具
材をバランスよく味わえる一品です。本来はモッツァレラチーズを
使って作りますが、チェダーチーズでアレンジしています。

カッテージチーズと
パストラミのレモンサンド

1人あたり
172
kcal

材料（2人分）

サンドイッチ用パン --- 4枚

カッテージチーズ --- 50g

パストラミ --- 50g

レタス --- 葉1枚

Ⓐ
| オリーブオイル --- 小さじ1
| レモン汁 --- 小さじ1
| はちみつ --- 小さじ1/2
| 塩 --- 少々

粗挽き黒こしょう --- 少々

作り方

1 レタスはサンドイッチ用パンにのる大きさに手でちぎる。

2 ボウルにⒶをすべて入れてよく混ぜ、カッテージチーズを入れてさらに混ぜ合わせる。

3 サンドイッチ用パン2枚に**1**をひき、パストラミをのせる。

4 **3**に**2**をのせて粗挽き黒こしょうをふり、残りのパン2枚でそれぞれ挟む。

 料理＆栄養メモ　やわらかな食感で食べやすいパストラミとカッテージチーズを組み合わせた、やさしい味わいです。低脂肪なので、脂質を気にしながらダイエットしている方にも。

パンチェッタとレタスの
シーザーサラダサンド

1人あたり
317
kcal

材料（2人分）

食パン（ライ麦・6枚切り）･･･2枚

パンチェッタ ･･･30g

レタス ･･･葉4枚

Ⓐ

　にんにく ･･･1/2片（3g）

　アンチョビ ･･･2本

　マヨネーズ ･･･大さじ2

　パルメザンチーズ

　　（粉末）･･･小さじ2

　粗挽き黒こしょう ･･･小さじ1/4

作り方

1 レタスは食パンにのる大きさに手でちぎる。

2 Ⓐのにんにくはすりおろし、アンチョビはみじん切りにする。

3 食パン2枚は1000Wのオーブントースターで2〜3分焼く。

4 3の2枚の片面にⒶをぬり、1枚のⒶをぬった面にパンチェッタをのせる。1の葉を重ねて下から上に巻き、パンチェッタの上にのせる。もう1枚のⒶをぬった面を下にして挟み、ラップで包んで半分に切る。

 料理＆栄養メモ　「パンチェッタ」とは、豚バラ肉を塩蔵したものです。塩けがあり旨みが強いので、レタスなどのさっぱりした野菜と合わせるとバランスがよくなります。

焼きキャベツと
コンビーフの喫茶サンド

1人あたり
306
kcal

材料（2人分）

食パン（6枚切り）---2枚

キャベツ --- 葉2枚

コンビーフ --- 1/2缶（50g）

粗挽き黒こしょう --- 小さじ1/4

Ⓐ ┌ マヨネーズ --- 大さじ1
　 └ 粒マスタード --- 小さじ1

オリーブオイル --- 小さじ2

作り方

1 キャベツは一口大に切る。コンビーフはほぐす。

2 フライパンにオリーブオイルをひき、**1**のキャベツを中火で炒める。焼き色がついたら、粗挽き黒こしょうをふる。

3 食パン2枚は片面にⒶをぬり、1000Wのオーブントースターで2〜3分焼く。

4 **3**の1枚のⒶをぬった面に**2**、**1**のコンビーフをのせる。もう1枚のⒶをぬった面を下にして挟み、半分に切る。

 料理 & 栄養メモ　喫茶店のメニューを思い浮かべながら考えた、どこか懐かしさを感じるサンド。マヨネーズと粒マスタードのソースをぬってトースターで焼き、香ばしさをプラス。

ハッシュドポテトと
コンソメキャベツのサンド

1人あたり
453
kcal

材料（2人分）

食パン（山型・6枚切り）‐‐‐2枚

ハッシュドポテト（市販・冷凍）
　‐‐‐2枚

キャベツ‐‐‐葉1枚

Ⓐ
マヨネーズ‐‐‐大さじ3
洋風スープの素（顆粒）
　‐‐‐小さじ1/4
粗挽き黒こしょう‐‐‐少々

ケチャップ‐‐‐大さじ1

作り方

1 ハッシュドポテトは1000Wのオーブントースターで
7〜8分焼く。

2 キャベツは2mm幅の千切りにし、Ⓐと和える。

3 食パン2枚の片面にケチャップをぬり、1000Wのオー
ブントースターで2〜3分焼く。

4 3の1枚のケチャップをぬった面に1、2をのせる。
もう1枚のケチャップをぬった面を下にして挟み、半
分に切る。

 料理＆栄養メモ　　焼いてそのまま食べることが多いハッシュドポテト。パンに挟むとねっとりとした
口ざわりがおいしいんです。コンソメ味のキャベツを合わせて、おやつ感覚でぜひ。

料理 & 栄養メモ　ひよこ豆はたんぱく質や食物繊維が豊富なので、整腸作用や便秘解消に効果的です。
香り豊かなパルミジャーノ・レッジャーノは、少量入れるだけで贅沢な味に。

紫キャベツとひよこ豆の
パルミジャーノサンド

1人あたり
301
kcal

材料（2人分）

サンドイッチ用パン --- 4枚	しょうが　1/2片（3g）
紫キャベツ --- 葉2枚	パルミジャーノ・レッジャーノ --- 小さじ2
ひよこ豆（水煮）--- 50g	Ⓐ マヨネーズ --- 大さじ3
塩 --- 少々	粒マスタード --- 小さじ2
	はちみつ --- 小さじ1

作り方

1　紫キャベツは2mm幅の千切りにし、塩をふってもみ込む。しんなりとして、水分が出てきたらしっかり絞る。

2　ひよこ豆は水けをきる。Ⓐのしょうがはすりおろし、パルミジャーノ・レッジャーノは削る。

3　ボウルに **1**、**2**のひよこ豆、Ⓐを入れて和える。

4　サンドイッチ用パン2枚に **3**をのせる。残りの2枚でそれぞれ挟み、半分に切る。

白いんげん豆とゴルゴンゾーラの ハニーバターサンド

1人あたり
283
kcal

材料（2人分）

イングリッシュマフィン --- 2個

白いんげん豆（水煮）--- 100g

パセリ --- お好みの量

ゴルゴンゾーラ --- 20g

バター --- 5g

はちみつ --- 小さじ2

作り方

1 白いんげん豆は水けをきり、フォークの先で粗めにつぶす。パセリはみじん切りにする。

2 耐熱容器にゴルゴンゾーラ、バターを入れてふんわりとラップをし、600Wの電子レンジで1分ほど加熱して温める。

3 ボウルに **1** の白いんげん豆、**2**、はちみつを入れて混ぜ合わせる。

4 イングリッシュマフィンは半分に割り、1000Wのオーブントースターで2〜3分焼く。下半分に **3** をぬって **1** のパセリを散らす。もう半分で挟む。

☑ 料理 & 栄養メモ　白いんげん豆は、つぶしすぎず皮の食感を少し残す程度でストップ。ペーストにすると甘さがさらに際立ちます。ゴルゴンゾーラを合わせてリッチな仕上がりに。

アスパラガスとキャベツの コールスローサンド

1人あたり
220
kcal

材料（2人分）

食パン（山型・6枚切り）--- 2枚

アスパラガス（グリーン）--- 2本

キャベツ --- 葉2枚

塩 --- 小さじ1/4

Ⓐ オリーブオイル --- 小さじ2

米酢 --- 小さじ2

砂糖 --- 小さじ1

粗挽き黒こしょう --- 少々

作り方

1 鍋にたっぷりのお湯を沸かし、アスパラガスを1分ほどゆでる。ザルにあげて水けをきり、5mm幅の斜め切りにする。

2 キャベツは2mm幅の千切りにして、塩をふってもみ込む。しんなりとして、水分が出てきたらしっかり絞る。

3 ボウルに **1**、**2**、Ⓐを入れて和える。

4 食パン2枚は1000Wのオーブントースターで2〜3分焼く。1枚に **3** をのせ、もう1枚で挟み、半分に切る。

☑ 料理 & 栄養メモ　マヨネーズ不使用のさっぱりコールスロー。米酢はお米の甘さと旨みが感じられるので、まろやかな味わいになります。グリーン系の野菜でまとめて見た目も美しく。

ほうれん草とハムチーズの
フレンチトーストサンド

1人あたり
423
kcal

材料（2人分）

食パン（6枚切り）‐‐‐2枚

ほうれん草‐‐‐1/2株（25g）

ロースハム‐‐‐2枚

スライスチーズ‐‐‐2枚

Ⓐ 牛乳‐‐‐100mℓ
　 溶き卵‐‐‐2個分
　 砂糖‐‐‐大さじ1

バター‐‐‐10g

作り方

1 バットなどにⒶを混ぜ合わせ、食パン2枚を5～6分浸す。

2 鍋に塩少々（分量外）を入れたたっぷりのお湯を用意し、ほうれん草を1分ほどゆでる。ザルにあげて水けをきり、2cm幅に切る。

3 フライパンにバターを溶かし、**1**を並べて両面にうっすらと焼き色がつくまで中火で焼く。

4 **3**の1枚にロースハム、スライスチーズ、**2**をのせる。もう1枚で挟み、半分に切る。

 料理＆栄養メモ

たっぷりのほうれん草、ハム、チーズの具材をフレンチトーストで挟んで食べごたえを出しました。ほうれん草は鉄分が豊富で、貧血予防の効果が期待できます。

グリーンピースの
クラムチャウダー風サンド

1人あたり
180
kcal

材料（2人分）

サンドイッチ用パン --- 4枚

グリーンピース（冷凍）--- 80g

クラムチャウダー風ペースト

（P.060参照）--- 大さじ4

作り方

1 グリーンピースは解凍する。

2 サンドイッチ用パン2枚の片面にクラムチャウダー風
ペーストをぬる。

3 2のペーストをぬった面に1をのせる。残りのパン2
枚でそれぞれ挟み、半分に切る。

 料理 & 栄養メモ　　はじけるグリーンピースの食感と、クラムチャウダー風の味わいがやみつきに。グ
リーンピースは不溶性食物繊維が豊富なので、お腹の調子を整えてくれます。

トマトミネストローネサンド

材料（2人分）

食パン（6枚切り）--- 2枚
ベーコン（ブロック）--- 50g
玉ねぎ --- 1/6個（30g）
なす --- 1/2個
サニーレタス --- 葉1枚
にんにく --- 1/2片（3g）
トマトピューレ（3倍濃縮）--- 大さじ4
オレガノパウダー --- 小さじ1/2
塩 --- 少々
オリーブオイル --- 小さじ2

作り方

1 ベーコン、玉ねぎ、なすはそれぞれ1cm角に切る。

2 サニーレタスは食パンにのる大きさに手でちぎる。にんにくはすりおろす。

3 フライパンにオリーブオイルをひき、**1** を入れて炒める。焼き色がついたら、**2** のにんにく、トマトピューレを入れてさらに炒める。

4 オレガノパウダー、塩をふって味つけする。

5 食パン2枚は1000Wのオーブントースターで2〜3分焼く。

6 **5** の1枚に **2** のサニーレタスをひき、**4** をのせる。もう1枚で挟み、半分に切る。

POINT

飽きのこない味の決め手は オレガノパウダーの爽快感

トマトと相性がいいオレガノパウダーは、熱を加えても風味が残りやすいので食べたときに鼻に抜ける爽快感を楽しめます。肉や魚のくさみ消しとしても効果を発揮します。

 料理＆栄養メモ　具だくさんのミネストローネスープをサンドにアレンジ。角切りにしたベーコンは焼き色がつくまでしっかり焼き、旨みを引き出すことがおいしさのポイントです。

オニオングラタン風
チーズホットサンド

1人あたり
336
kcal

材料（2人分）

食パン（6枚切り）--- 2枚

玉ねぎ --- 1個（200g）

にんにく --- 2片（12g）

塩 --- 小さじ1/4

粗挽き黒こしょう --- 小さじ1/4

ピザ用チーズ --- 40g

バター --- 15g

作り方

1 玉ねぎは2mm幅の薄切りにする。にんにくはみじん切りにする。

2 フライパンにバター10gを溶かし、**1**のにんにくを弱火で炒める。にんにくの香りがたってきたら、玉ねぎを入れて中火で15分ほどじっくり炒める。7分ほど経ったところで塩、粗挽き黒こしょうをふる。

3 食パン1枚のフチに沿って包丁の先で浅く切り目を入れ、スプーンで押してくぼみを作る。くぼみに **2**、ピザ用チーズをのせてもう1枚で挟む（P.116の1〜3参照）。

4 フライパンに残りのバターを溶かし、弱中火の状態で **3** をのせる。アルミホイルをかぶせて、重石をのせて焼く。2〜3分焼いたらひっくり返し、再びアルミホイルをかぶせて重石をのせる（P.116、117の4〜7参照）。

5 焼き色がついたら取り出し、半分に切る。

料理 & 栄養メモ　きつね色になるまで炒めて甘さを引き出した玉ねぎと、とろけるチーズがたまらない自慢のサンドレシピです。濃すぎない味なので最後までおいしく食べられます。

2種きのこのリエット風サンド

1人あたり
235
kcal

材料（2人分）

ロールパン --- 2枚

しめじ --- 1/2パック (50g)

まいたけ --- 1/2パック (50g)

ベーコンのリエット風ペースト

　(P.060参照) --- 大さじ3

塩 --- 少々

バター --- 10g

作り方

1 しめじは石づきを切り、手でほぐす。まいたけは軸を切る。

2 フライパンにバターを溶かし、**1**を中火で炒める。しんなりとしてきたら、塩をふる。

3 ロールパン2個は縦に切り目を入れる。切り目にベーコンのリエット風ペーストをぬり、**2**を挟む。

 料理 & 栄養メモ　　しめじ、まいたけ、ベーコンと、旨みたっぷりの具材の組み合わせです。まいたけはきのこ類のなかでもナイアシンの含有量が豊富で、代謝を促す働きがあります。

厚焼き玉子とベーコンの
パンプキンコーンサンド

1人あたり
495
kcal

材料（2人分）

食パン（6枚切り）--- 2枚

溶き卵 --- 4個分

ベーコン（スライス・ハーフサイズ）
　--- 4枚

パンプキンコーンペースト
　（P.062参照）--- 大さじ6

オリーブオイル --- 小さじ4

作り方

1 厚焼き玉子を作る。玉子焼き器にオリーブオイル小さじ1をひき、中火で温めてペーパータオルで広げる。溶き卵の1/4量を全体に流し入れ、フチが固まってきたら奥から手前へ菜箸などで巻き、玉子焼き器の奥に寄せる。

2 玉子焼き器の手前にオリーブオイル小さじ1を薄くひき、残りの溶き卵の半量を流し入れる。**1**で巻いた卵の下に菜箸を入れて斜めに浮かせ、溶き卵を広げて同様に巻いて焼く。残りの溶き卵も同様に巻いて焼く。

3 玉子焼き器に残りのオリーブオイルをひき、ベーコンの両面を中火で焼く。

4 食パン2枚の片面にパンプキンコーンペーストをぬる。1枚のペーストをぬった面に**3**をのせ、**2**をのせる。もう1枚のペーストをぬった面を下にして挟み、半分に切る。

 料理 & 栄養メモ

ボリューム満点の厚焼き玉子をメイン具材にした、昼夜問わず食べたいサンドです。
ベーコンの塩けとパンプキンコーンペーストの甘みがマッチします。

さつまいもと
アールグレイのベーグルサンド

1人あたり
414
kcal

材料（2人分）

ベーグル（プレーン）--- 2個

さつまいも --- 1/3本（約65g）

アールグレイペースト

　　（P.063参照）--- 60g

作り方

1 鍋にさつまいもが浸る量のお湯を沸かし、塩少々（分量外）を入れて中火にかける。さつまいもを入れて、沸騰した状態で10～12分ゆでる。粗熱をとり、1cm角に切る。

2 ボウルに**1**、アールグレイペーストを入れて和える。

3 ベーグル2個は横半分に切る。

4 **3**の下半分に**2**をのせ、もう半分で挟む。

 料理＆栄養メモ　さつまいもの甘さを活かしたいので、砂糖など甘みのある調味料は加えません。アールグレイのすっきりとした風味がおいしく、デザート感覚で食べられます。

つぶあんのさつまいも
レモンバターサンド

1人あたり
285
kcal

材料（2人分）

カンパーニュ --- 2枚

つぶあん（市販） --- 50g

さつまいものレモンバターペースト

（P.063参照） --- 50g

作り方

1 カンパーニュ1枚につぶあん、さつまいものレモンバターペーストをたっぷりのせる。

2 もう1枚のパンで挟み、半分に切る。

料理 & 栄養メモ　カンパーニュは、"田舎パン"という愛称もある素朴な味わいのフランスパンです。
さつまいもやつぶあんのような、味が際立つ食材と合わせるのがおすすめです。

column ①

素材の旨みをたっぷり味わう

パンを楽しむ手作りペースト20

野菜やくだもの、肉や海の食材のおいしさが口いっぱいに広がる濃厚ペーストです。
お好きなパンにぬったり、ペーストを食べ比べたりして楽しんでみてくださいね。

Paste Recipe 1.

アボカドバジルペースト

材料と作り方（約130g）

アボカド1個は大きめの角切りに
し、ボウルに入れてフォークの先で
つぶす。みじん切りにしたバジルの
葉10枚、オリーブオイル小さじ2、
塩小さじ1/4を加えて混ぜる。

Paste Recipe 2.

ツナジンジャー
ペースト

材料と作り方（約100g）

ツナ缶（オイル漬け）1缶は汁けをき
る。しょうが1/2片（3g）はすりお
ろす。ボウルにツナ、しょうが、ク
リームチーズ50g、塩少々を入れて
混ぜる。

カマンベールカレーポテトペースト

材料（約150g）

じゃがいも ------------ 1個（100g）
カマンベールチーズ（カットタイプ）
　------------ 3ピース（60g）
牛乳 --------------- 大さじ1/2
カレー粉 ----------- 小さじ1/2
酢 --------------- 小さじ1/2
塩 ------------------- 少々

作り方

1　じゃがいもは皮をむき、水で全体をぬらす。耐熱容器に入れてふんわりとラップをし、600Wの電子レンジで4〜5分加熱する。温かいうちにヘラなどでつぶす。カマンベールチーズは細かくちぎる。

2　ボウルに1、すべての材料を入れてしっかり混ぜる。

クラムチャウダー風ペースト

材料（約135g）

あさり（ボイル） ----------- 50g
じゃがいも ---------- 1/2個（50g）
セロリ ------------------ 10g
クリームチーズ ----------- 50g
塩、粗挽き黒こしょう ------ 各少々

作り方

1　じゃがいもは皮をむき、水で全体をぬらす。耐熱容器に入れてふんわりとラップをし、600Wの電子レンジで4〜5分加熱する。温かいうちにヘラなどでつぶす。

2　あさりはフードプロセッサーで撹拌する。1、すべての材料を入れてなめらかになるまでさらに撹拌する。

ベーコンのリエット風ペースト

材料（約180g）

ベーコン（ブロック） --------- 150g
玉ねぎ ------------ 1/4個（50g）
にんにく ------------ 1片（6g）
ローリエ ----------------- 1枚
粗挽き黒こしょう ----------- 少々
ワイン（白） ------------ 大さじ1
オリーブオイル --------- 大さじ1

作り方

1　ベーコンは1cm角に切る。玉ねぎ、にんにくはそれぞれみじん切りにする。

2　フライパンにオリーブオイルをひき、1のにんにくを弱火で炒める。にんにくの香りがたってきたら、玉ねぎを入れて中火で炒める。

3　玉ねぎがしんなりとしてきたら1のベーコン、ローリエ、粗挽き黒こしょうを入れて焼き色がつくまで炒め、ワインをふりかけてさらに1分炒める。粗熱をとり、ローリエを除いて、フードプロセッサーに移してなめらかになるまで撹拌する。

Paste Recipe 6.

エビトマトペースト

材料と作り方（約160g）

むきえび（ボイル）100gはフードプロセッサーでなめらかになるまで撹拌する。ヨーグルト（無糖）大さじ2、ケチャップ大さじ2、マヨネーズ大さじ1を加えてさらに撹拌する。

Paste Recipe 7.

パンプキンコーン
ペースト

材料と作り方（約130g）

かぼちゃ100gは種とワタを取り、ラップで包んで600Wの電子レンジで3分加熱する。皮をむいて一口大に切り、耐熱皿に並べてラップをし3分加熱する。フォークの先でつぶし、細かく刻んだコーン（缶）50g、塩小さじ1/4を加えて混ぜる。

Paste Recipe 8.

いわしのトマトペースト

材料と作り方（約140g）

いわし缶（水煮）50gは水けをきり、フードプロセッサーでなめらかになるまで撹拌する。クリームチーズ50g、ケチャップ大さじ3、しょうゆ小さじ1/2を加えてさらに撹拌する。

Paste Recipe 9.

さつまいものレモンバターペースト

材料と作り方（約160g）

鍋にお湯を沸かし、皮をむいたさつまいも1/2本（100g）を10〜12分ゆでる。竹串がすっと通ったらボウルに移し、バター10gを加えてヘラなどでつぶす。クリームチーズ50g、レモン汁小さじ1を加えて混ぜる。

Paste Recipe 10.

シャケディルペースト

材料と作り方（約60g）

ディルの葉1gは粗めに刻む。ボウルにディルの葉、しゃけフレーク（市販）10g、クリームチーズ50gを入れて混ぜる。

Paste Recipe 11.

アールグレイペースト

材料と作り方（約60g）

アールグレイの茶葉小さじ1/2は細かく切る。ボウルに茶葉、常温に戻したクリームチーズ50g、はちみつ小さじ1、塩少々を入れて混ぜる。

レバーのしょうゆバターペースト

材料（約150g）

鶏レバー - - - - - - - - - - - - - - - - 100g
にんにく - - - - - - - - - - - - - 1片 (6g)
サワークリーム - - - - - - - - - - - - 50g
Ⓐ しょうゆ、みりん、酒 - - 各小さじ2
バター - - - - - - - - - - - - - - - - - - - 5g

作り方

1 にんにくはみじん切りにする。

2 フライパンにバターを溶かし、**1**を弱火で炒める。にんにくの香りがたってきたら、鶏レバーを入れて中火で炒める。鶏肉に半分ほど火が通ったら、Ⓐを加えて煮詰める。

3 粗熱がとれたらサワークリームを入れて和える。フードプロセッサーに移し、なめらかになるまで撹拌する。

里芋の明太ペースト

材料（約120g）

里芋 (水煮) - - - - - - - - - - - - - 100g
明太子 - - - - - - - - - - - - - - - - - 20g
バター - - - - - - - - - - - - - - - - - - - 5g

作り方

1 里芋は水でさっと洗う。耐熱容器に入れてふんわりとラップをし、600Wの電子レンジで3分加熱して冷ます。ボウルに入れてヘラなどでつぶす。

2 **1**に明太子、電子レンジで40秒ほど加熱して溶かしたバターを加えて混ぜる。

まいたけのごまペースト

材料（約100g）

まいたけ - - - - - - - - - 1パック (100g)
にんにく - - - - - - - - - - - - - 1片 (6g)
ねりごま (白) - - - - - - - - - - 大さじ2
塩 - - - - - - - - - - - - - - - - - 小さじ1/4
ごま油 - - - - - - - - - - - - - - - 大さじ1

作り方

1 まいたけはいしづきを切る。にんにくは薄切りにする。

2 フライパンにごま油をひき、**1**のにんにくを弱火で炒める。にんにくの香りがたってきたら、まいたけを入れてしんなりするまで中火で炒める。粗熱をとる。

3 フードプロセッサーに**2**、ねりごま、塩を入れてなめらかになるまで撹拌する。

Paste Recipe 15.

のりマスカルペースト

材料と作り方（約60g）

ボウルにのりの佃煮（市販）20g、マスカルポーネ50g、ごま油小さじ1を入れて混ぜる。

Paste Recipe 16.

枝豆のかつおペースト

材料と作り方（約100g）

枝豆（むき身・ゆで済み）50gはフードプロセッサーでなめらかになるまで撹拌する。クリームチーズ50g、かつお節2g、しょうゆ小さじ1/2を入れてさらに撹拌する。

Paste Recipe 17.

ほたてのゆずこしょうペースト

材料と作り方（約95g）

ほたて貝柱50gはフードプロセッサーで撹拌する。マスカルポーネ50g、ゆずこしょうを入れてさらに撹拌する。

Paste Recipe 18.

梅クリームペースト

材料と作り方（約65g）

梅干し（はちみつ漬け・市販）2個は種
を取り、果肉を包丁で叩く。ボウルに叩
いた梅干し、クリームチーズ50g、粗挽
き黒こしょう少々を入れて混ぜる。

Paste Recipe 19.

さばみそペースト

材料と作り方（約100g）

さば缶（みそ煮）50gは汁けをきる。
ボウルにさばの身を入れてフォーク
の先でつぶし、クリームチーズ50g、
みそ小さじ1を加えて混ぜる。

Paste Recipe 20.

さんまの
ソルトペースト

材料と作り方（約100g）

さんま缶（水煮）50gは水けをきる。
ボウルにさんまの身を入れてフォー
クの先でつぶし、クリームチーズ
50g、ごま油小さじ1、塩少々を加
えて混ぜる。

豚肉と大葉の
ミルフィーユ
チーズカツサンド

1人あたり
593
kcal

材料（2人分）

食パン（6枚切り）--- 2枚

豚バラ肉（薄切り・8cm幅）--- 9枚

大葉 --- 4枚

水菜 --- 1/2株（25g）

スライスチーズ --- 2枚

薄力粉 --- 小さじ2

溶き卵 --- 1個分

パン粉 --- 大さじ6

とんかつソース（市販）--- お好みの量

サラダ油 --- 適量

(2章) 和風サンド

作り方

1 水菜は4cm幅に切る。

2 豚肉3枚を横に少しずつずらしながら重ねる。大葉2枚→スライスチーズ1枚の順に重ねる。再び豚肉3枚→大葉2枚→スライスチーズ1枚の順に重ね、残りの豚肉3枚で挟む。

3 フライパンにサラダ油を2cm深さほど入れて、170℃に温める。2に薄力粉→溶き卵→パン粉の順にまぶし、6〜7分揚げる。

4 食パン2枚は1000Wのオーブントースターで2〜3分焼く。1枚に1の水菜をひき、3をのせる。とんかつソースをかけてもう1枚で挟み、半分に切る。

☑ 料理＆栄養メモ　薄切りの豚バラ肉を重ねて作りますが、大葉やチーズのような味がしっかりしている食材と挟んで揚げるので、食べごたえは十分！　水菜を合わせてさっぱりと。

パンの甘みと和風のやさしい味わいは相性ぴったりなので、
和の食材や味つけはごはんだけでなく、じつはパンにもよく合うんです。
家族みんなでおいしく食べられる、慣れ親しんだ味わいを楽しんで。

ゆずこしょう肉みそと
マッシュルームのクリームサンド

1人あたり
371
kcal

材料（2人分）

食パン（山型・6枚切り）--- 2枚
豚ひき肉 --- 100g
マッシュルーム（ブラウン）--- 2個
しょうが --- 1片 (6g)
Ⓐ
   みそ --- 小さじ2
   みりん --- 小さじ2
   しょうゆ --- 小さじ1
   ゆずこしょう --- 小さじ1/2
クリームチーズ --- 大さじ1
ごま油 --- 小さじ2

作り方

1 マッシュルームは縦2mm幅の薄切りにする。しょうがはみじん切りにする。

2 フライパンにごま油をひき、**1**のしょうがを中火で炒める。しょうがの香りがたってきたら豚肉を入れて、ヘラなどでそぼろ状になるように炒める。

3 豚肉に半分ほど火が通ったら、Ⓐを加える。

4 食パン2枚は1000Wのオーブントースターで2～3分焼く。

5 **4**の1枚の片面にクリームチーズをぬる。1枚のクリームチーズをぬった面に**1**のマッシュルーム、**3**をのせる。もう1枚で挟み、半分に切る。

 料理 & 栄養メモ　　ゆずこしょうとみその組み合わせは、さっぱりしつつも濃くて深い味わいに仕上がります。旨みが強く、クセの少ないマッシュルームの味わいとよく合います。

豚しぐれとあおさのサンド

1人あたり
462
kcal

材料（2人分）

食パン（6枚切り）--- 2枚

豚バラ肉（薄切り）--- 100g

あおさ（乾燥）--- 5g

しょうが --- 2片（12g）

サンチュ --- 葉2枚

Ⓐ しょうゆ --- 大さじ1
砂糖 --- 大さじ1
酒 --- 大さじ1
みりん --- 小さじ2

バター --- 5g

ごま油 --- 小さじ2

作り方

1 豚肉は3cm幅に切る。あおさは水で戻し、水けをきる。しょうがはみじん切りにする。サンチュは食パンにのる大きさに手でちぎる。

2 バターは常温に戻す。

3 フライパンにごま油をひき、**1**のしょうがを中火で炒める。しょうがの香りがたってきたら、豚肉を入れて炒める。豚肉に半分ほど火が通ったらⒶを加えて、汁けがなくなるまで炒める。

4 食パン2枚の片面に**2**をぬり、1000Wのオーブントースターで2〜3分焼く。

5 **4**の1枚のバターをぬった面に**1**のサンチュをしき、**1**のあおさ、**3**をのせる。もう1枚のバターをぬった面をドにして挟み、半分に切る。

☑️ 料理＆栄養メモ　　牛しぐれを豚バラ肉で作り、あおさと入れて磯の風味を引き立たせています。あおさとパンは結構相性がいいので、ぜひ一度は味わっていただきたいサンドです。

豚肉とキャベツの
のりマスカルポーネサンド

1人あたり
430
kcal

材料（2人分）

食パン（ライ麦・6枚切り）--- 2枚
豚こま切れ肉 --- 100g
キャベツ --- 葉1枚
にんにく --- 1片（6g）
赤とうがらし（輪切り）--- 1本分
のりマスカルペースト
　（P.066参照）--- 大さじ4
Ⓐ｜ 酒 --- 大さじ1
　｜ しょうゆ --- 小さじ2
　｜ 砂糖 --- 小さじ1
ごま油 --- 小さじ2

作り方

1 キャベツは2mm幅の千切りにし、氷水に2分ほどさらして水けをしっかりきる。にんにくはみじん切りにする。

2 フライパンにごま油をひき、**1**のにんにく、赤とうがらしを弱火で炒める。にんにくの香りがたってきたら、豚肉を入れて中火で炒める。

3 豚肉に半分ほど火が通ったら、Ⓐを加える。

4 食パン1枚の片面に、のりマスカルペーストをぬる。1枚のペーストをぬった面に**1**のキャベツ、**3**をのせる。もう1枚で挟み、半分に切る。

 料理 & 栄養メモ　コクと旨みのある豚肉の風味に、のりとマスカルポーネの味わいをプラスしてやわらかな味にまとめました。キャベツもたっぷり使ってシャキシャキ感を楽しんで！

豚肉とレタスの
しょうが焼きサンド

1人あたり
396
kcal

材料（2人分）

ホットドッグ用パン --- 2個

豚バラ肉（薄切り）--- 100g

玉ねぎ --- 1/4個（50g）

レタス --- 葉1枚

Ⓐ
- しょうが --- 2片（12g）
- 酒 --- 大さじ1
- しょうゆ --- 小さじ2
- はちみつ --- 小さじ2
- オイスターソース --- 小さじ1

マヨネーズ --- お好みの量

ごま油 --- 小さじ2

作り方

1 豚肉は3cm幅に切る。

2 玉ねぎは2mm幅の薄切りにする。レタスは5mm幅の千切りにする。Ⓐのしょうがはすりおろす。

3 フライパンにごま油をひき、2の玉ねぎを中火で炒める。しんなりとしたら、1を入れて炒める。豚肉に半分ほど火が通ったら、Ⓐを加えて汁けがなくなるまで炒める。

4 ホットドッグ用パン2個は縦に切り目を入れる。2のレタス、3を挟み、マヨネーズをかける。

料理＆栄養メモ　しょうが焼きは米にも合いますが、じつはパンとも相性抜群。オイスターソースとしょうゆのダブル使いで旨みを強め、パンにもしっかり合う味つけにしました。

和風 BLT サンド

1人あたり
397
kcal

材料（2人分）

食パン（ライ麦・6枚切り）--- 2枚

ベーコン

　（スライス・ハーフサイズ）--- 4枚

れんこん（5mm幅の輪切り）--- 2枚

トマト（1cm幅の輪切り）--- 1枚

塩 --- 小さじ1/4

粗挽き黒こしょう --- 小さじ1/4

Ⓐ ｜ マヨネーズ --- 大さじ2

　｜ みそ --- 小さじ1

　｜ 砂糖 --- 小さじ1

サラダ油 --- 小さじ2

作り方

1 れんこん、トマトはそれぞれ塩、粗挽き黒こしょうを両面にふる。

2 フライパンにサラダ油をひき、**1**のれんこん、ベーコンを中火で焼く。両面に焼き色がついたら取り出す。

3 食パン2枚の片面にⒶをぬり、1000Wのオーブントースターで2〜3分焼く。

4 **3**の1枚のⒶをぬった面に、**2**のベーコン→れんこん→**1**のトマトの順に重ねる。もう1枚のⒶをぬった面を下にして挟み、半分に切る。

Point

水分の多いトマトは最後にのせてパンのカリッと感を楽しもう

トマトなどの水分量の多い具材は、一番最初にのせるとパンが水分を吸ってしまう原因に。パンに直接ふれないよう、水分量の少ない具材を先にし、最後にのせるといいでしょう。

 料理 & 栄養メモ　B＝ベーコン、L＝れんこん、T＝トマトの和風仕立てのBLTサンドです。れんこんは両面に焼き色がつくまで焼き、風味を引き立たせてから挟みましょう。

白菜とベーコンの
赤じそサンド

1人あたり
301
kcal

材料（2人分）

食パン（6枚切り）‐‐‐2枚

白菜‐‐‐葉1枚

ベーコン

　（スライス・ハーフサイズ）‐‐‐4枚

赤じそ（乾燥）‐‐‐小さじ1/2

バター‐‐‐5g

ごま油‐‐‐小さじ2

作り方

1 白菜は2cm角に切る。ベーコンは横半分に切る。

2 フライパンにごま油をひき、**1**の白菜、ベーコンを中火で炒める。白菜がしんなりとしたら、赤じそをふりかけて味つけする。

3 食パン2枚は1000Wのオーブントースターで2～3分焼く。

4 **3**の2枚の片面にバターをぬる。1枚のバターをぬった面に**2**をのせ、もう1枚のバターをぬった面を下にして挟み、半分に切る。

 料理 & 栄養メモ

白菜には旨み成分であるグルタミン酸が含まれているので、同じく旨みのあるベーコンと合わせておいしさであふれた味に。赤じそを加えて和風らしさを出しました。

セロリきんぴらとハムの
マフィンサンド

1人あたり
236
kcal

材料（2人分）

イングリッシュマフィン --- 2個

セロリ（茎）--- 1本（100g）

ロースハム --- 2枚

赤とうがらし（輪切り）--- 1/2本分

Ⓐ しょうゆ --- 大さじ1
　 砂糖 --- 小さじ2
　 みりん --- 小さじ2

ごま油 --- 小さじ2

作り方

1 セロリは5mm長さの拍子切りにする。

2 フライパンにごま油をひき、**1**のセロリ、赤とうがらしを中火で炒める。セロリがしんなりとしたら、Ⓐを加えてさらに炒める。

3 イングリッシュマフィン2個は半分に割り、1000Wのオーブントースターで2〜3分焼く。

4 **3**の下半分にロースハムを1枚ずつのせ、**2**をのせる。もう半分で挟む。

 料理＆栄養メモ
セロリをきんぴらにして、ピリッと辛みを効かせつつもさっぱりとした味に仕上げました。ふんわりマフィンときんぴらの食感で、最後まで飽きずに食べられます。

絹さやとソーセージの
卵そぼろサンド

1人あたり
270
kcal

材料（2人分）

ロールパン --- 2個

絹さや --- 小8枚

ソーセージ --- 1本

Ⓐ
- 溶き卵 --- 1個分
- かつお節 --- 1/2パック（1g）
- しょうゆ --- 小さじ1/2
- みりん --- 小さじ1/2

ごま油 --- 小さじ4

バター --- 5g

作り方

1 絹さやは3mm幅の斜め切りにする。ソーセージは5mm幅の輪切りにする。

2 ボウルにⒶを混ぜ合わせておく。

3 フライパンにごま油小さじ2をひき、**1**のソーセージを入れて中火で炒める。焼き色がついたら絹さやを入れてさっと炒め、取り出す。

4 **3**のフライパンを洗って残りのごま油をひき、バターを溶かしてⒶを流し入れる。菜箸4本を立てて持ち、箸先を使って細かいそぼろ状にする。火をとめ、**3**を入れて和える。

5 ロールパン2個は横に切り目を入れる。**4**を挟む。

 料理 & 栄養メモ　卵そぼろは菜箸を4本使いながら細かくすると、パラパラとした食感でおいしくなります。隠し味で少量のバターとかつお節を使い、やさしくて旨みの強い味に。

目玉焼きとハムの
ごまホットサンド

材料（2人分）

食パン（6枚切り）--- 2枚

目玉焼き --- 1個分

ロースハム --- 2枚

白菜 --- 葉1/2枚

まいたけのごまペースト
　（P.064参照）--- 大さじ4

スライスチーズ --- 1枚

バター --- 5g

作り方

1 白菜は葉の部分を食べやすい大きさに手でちぎる。

2 食パン1枚のフチに沿って包丁の先で浅く切り目を入れ、スプーンで押してくぼみを作る。くぼみにまいたけのごまペースト→スライスチーズ→ロースハム→**1**→目玉焼きの順にのせて、もう1枚で挟む（P.116の1〜3参照）。

3 フライパンにバターを溶かし、弱中火の状態で**2**をのせる。アルミホイルをかぶせて、重石をのせて焼く。2〜3分焼いたらひっくり返し、再びアルミホイルをかぶせて重石をのせる（P.116、117の4〜7参照）。

4 焼き色がついたら取り出し、半分に切る。

料理 & 栄養メモ　目玉焼きは片面焼きでもおいしいですが、両面を焼いたほうが食パンに挟みやすくなります。まいたけのごまペーストが和の旨みを引き立たせてくれます。

味玉とブロッコリーの
マヨ麹サンド

1人あたり
350
kcal

材料（2人分）

食パン（6枚切り）--- 2枚

味玉（下記参照）--- 1個分

ブロッコリー --- 1/2株（約80g）

ブロッコリースプラウト

　　　--- 1/2パック（10g）

Ⓐ ┃ しょうが --- 1片（6g）
　 ┃ マヨネーズ --- 大さじ3
　 ┃ 塩麹 --- 小さじ1

作り方

1 味玉は下記を参照して作る。縦4等分に切り、さらに横半分に切る。

2 ブロッコリーは小房に分ける。鍋に塩少々（分量外）を入れたたっぷりのお湯を用意し、2〜3分ゆでる。ザルにあげて水けをきり、縦半分に切る。ブロッコリースプラウトは軸を切る。Ⓐのしょうがはすりおろす。

3 ボウルに**2**、Ⓐを入れて和える。

4 食パン1枚に**3**、**1**をのせる。もう1枚で挟み、半分に切る。

味玉

材料（2個分）

卵 --- 2個

水 --- 大さじ5

めんつゆ（3倍濃縮）--- 大さじ2

砂糖 --- 小さじ1/2

作り方

1 卵は常温に戻す。

2 鍋に卵が浸る量のお湯を沸かし、塩少々（分量外）を入れる。**1**をやさしく入れて6分ほどゆで、氷水で4分ほど冷やして殻をむく。

3 チャックつき保存袋に**2**、水、めんつゆ、砂糖を入れて、空気を抜きながら閉じる。冷蔵庫で一晩漬ける。

 料理 & 栄養メモ

マヨネーズに塩麹を加えてキリッとした味に。つやつやの味玉の黄身が食欲をそそります。ブロッコリーにはがん予防に効果的なスルフォラファンが含まれています。

甘酢鶏と枝豆のかつおサンド

材料（2人分）

食パン（6枚切り）‑‑‑2枚

鶏もも肉‑‑‑1/2枚（120g）

みつば‑‑‑1/2株（20g）

枝豆のかつおペースト
　（P.066参照）‑‑‑大さじ4

塩‑‑‑少々

粗挽き黒こしょう‑‑‑少々

片栗粉‑‑‑小さじ2

Ⓐ 砂糖‑‑‑大さじ1と1/2
　　酢‑‑‑大さじ1と1/2
　　しょうゆ‑‑‑大さじ1
　　酒‑‑‑小さじ2

いりごま（黒）‑‑‑小さじ1/2

サラダ油‑‑‑大さじ2

作り方

1 みつばは3cm幅に切る。

2 鶏肉は3cm大に切り、塩、粗挽き黒こしょうをふってもみ込む。片栗粉を全体にまぶす。

3 フライパンにサラダ油をひき、2の皮面を下にして中火で焼く。焼き色がついたらいったん火をとめて、余計な油をペーパータオルでふき取る。Ⓐを加えて再度中火にし、鶏肉にからめながら炒める。

4 食パン2枚は1000Wのオーブントースターで2～3分焼く。

5 4の2枚の片面に枝豆のかつおペーストをぬり、3、1をのせていりごまをふる。もう1枚のペーストをぬった面を下にして挟み、半分に切る。

POINT

余計な油を取り除くことでたれのからみ具合がアップ！

Ⓐのたれを入れる際、鶏肉を焼いたときの余計な油が残っていると、なじみにくくなってしまいます。ペーパータオルで油をふき取ることで、鶏肉とからみやすくなりますよ。

 料理＆栄養メモ　甘酢だれが枝豆とかつお節の風味にマッチして、カリッと焼き上げたパンとやわらかな鶏肉の食感が絶品です。酢は疲労回復に効果的なので、体を労りたいときにも。

塩麹鶏むね肉とわかめの
わさびサンド

1人あたり
287
kcal

材料（2人分）

食パン（6枚切り）--- 2枚

鶏むね肉 --- 1/2枚（130g）

わかめ（塩蔵）--- 20g

レタス --- 葉1枚

塩麹 --- 大さじ1

ごま油 --- 小さじ2

練りわさび --- 小さじ1/2

作り方

1 鶏肉は皮を取り除き、フォークで表面全体に穴をあける。ボウルに入れて塩麹をもみ込み、ラップをして冷蔵庫で2時間以上冷やす（時間があれば、12時間以上漬け込むとさらにおいしい）。

2 鍋にたっぷりのお湯を沸かし、沸騰したら**1**を入れてフタをし、火をとめる。粗熱がとれるまでおき、取り出して5mm幅の薄切りにする。

3 わかめは水で洗って水けをきり、1cm幅に切る。ボウルにごま油、練りわさびとともに入れて和える。

4 レタスは食パンにのる大きさに手でちぎる。

5 食パン2枚は1000Wのオーブントースターで2～3分焼く。1枚に**4**をひき、**2**、**3**をのせる。もう1枚で挟み、半分に切る。

 料理 & 栄養メモ

ごま油とわさびでしっかりと味をつけることで、サンドして食べた際に味わいが口全体に広がります。わかめは100gあたり16kcalと低カロリーなのもうれしいですね。

照り焼きチキンと
水菜のベーグルサンド

1人あたり
481
kcal

材料 (2人分)

ベーグル (プレーン) --- 1個

鶏もも肉 --- 小1枚 (200～250g)

水菜 --- 10g

Ⓐ
| しょうゆ --- 大さじ1
| 酒 --- 大さじ1
| みりん --- 小さじ2

Ⓑ
| マヨネーズ --- 大さじ1
| 粗挽き黒こしょう --- 小さじ1/2

サラダ油 --- 小さじ2

作り方

1 水菜は2cm幅に切る。

2 フライパンにサラダ油をひき、鶏肉の皮面を下にして中火で焼く。焼き色がついたらひっくり返し、フタをして3～4分弱中火で焼く。

3 ペーパータオルで余計な油をふき取り、Ⓐを加えて再び中火にし、鶏肉にからめながら炒める。

4 ベーグルは横半分に切る。下半分に**3**をのせ、Ⓑをぬって**1**をのせる。もう半分で挟み、半分に切る。

 料理 & 栄養メモ

身近な調味料で作れる、贅沢な照り焼きチキンのサンドです。水菜にはβ-カロテンやビタミンEなどがあり、抗酸化力が期待できるので老化防止にも効果的です。

鶏そぼろと里芋の
明太サンド

1人あたり
302
kcal

材料（2人分）

ホットドッグ用パン - - - 2個
鶏ももひき肉 - - - 100g
小ねぎ - - - 2本
しょうが - - - 1片（6g）
里芋の明太ペースト
　　（P.064参照）- - - 大さじ4

Ⓐ 　酒 - - - 大さじ1
　　しょうゆ - - - 小さじ2
　　みりん - - - 小さじ2

サラダ油 - - - 小さじ2

作り方

1 小ねぎは2cm幅の斜め切りにする。しょうがはみじん
切りにする。

2 フライパンにサラダ油をひき、**1**のしょうがを中火で
炒める。しょうがの香りがたってきたら鶏肉を入れ、
ヘラなどでそぼろ状になるように炒める。

3 鶏肉に半分ほど火が通ったら、Ⓐを加えて汁けがな
くなるまで炒める。

4 ホットドッグ用パンは縦に切り目を入れる。切り目に
里芋の明太ペーストをぬり、**3**を挟む。**1**の小ねぎを
のせる。

 料理＆栄養メモ　　里芋はペーストにすると粘り気が出るので、ディップソース感覚で使うのもいいで
しょう。ピリッと辛い里芋の明太ペーストと甘めの鶏そぼろがマッチします。

ささみとオクラの
ポン酢マヨサンド

1人あたり
202
kcal

材料（2人分）

サンドイッチ用パン --- 4枚

鶏ささみ --- 1本

オクラ --- 3本

ブロッコリースプラウト
　　 --- 1パック（20g）

塩 --- 少々

砂糖 --- 少々

Ⓐ ┃ マヨネーズ --- 大さじ2
　 ┃ ポン酢 --- 小さじ2

作り方

1 ささみは筋を取り、フォークで表面全体に穴をあける。塩、砂糖をもみ込み、20分ほどおく。

2 鍋にたっぷりのお湯を沸かし、オクラを入れて1分ほどゆでる。お湯は残したまま、ザルにあげて水けをきり、1cm幅の輪切りにする。

3 2の鍋のお湯を再度沸かす。1を入れてフタをし、火をとめた状態で10〜12分温める。粗熱をとり、手でほぐす。ブロッコリースプラウトは軸を切る。

4 ボウルに2、3、Ⓐを入れて和える。

5 サンドイッチ用パン2枚に4をのせる。残りの2枚でそれぞれ挟み、半分に切る。

🗒 料理 & 栄養メモ　　鶏ささみ、オクラ、ブロッコリースプラウトをポン酢風味で仕上げてさっぱりと。オクラのネバネバ成分は、腸内に働きかけて有害物質を体外へ排出してくれます。

生姜カレーナゲットと
パクチーのサンド

１人あたり
475
kcal

材料（2人分）

食パン（6枚切り）- - - 2枚
パクチー - - - 1株

A 〈
鶏ももひき肉 - - - 150g
しょうが - - - 1片 (6g)
マヨネーズ - - - 大さじ1
カレー粉 - - - 小さじ1
片栗粉 - - - 大さじ2
塩 - - - 少々

B 〈
しょうが - - - 1/2片 (3g)
マヨネーズ - - - 大さじ1

ごま油 - - - 大さじ1

作り方

1 パクチーは3cm幅に切る。Ⓐ、Ⓑのしょうがはそれぞれすりおろす。

2 生姜カレーナゲットを作る（Ⓐ）。ボウルにⒶをすべて入れ、粘り気が出るまで手で混ぜる。6等分にし、俵型に成形する。

3 フライパンにごま油をひき、**2**を並べて中火で焼く。片面を5分焼いてひっくり返し、もう片面を2分焼く。

4 食パン2枚は1000Wのオーブントースターで2〜3分焼く。

5 **4**の片面に**3**をのせて、Ⓑをかける。**1**のパクチーをのせて、もう1枚で挟み、半分に切る。

☑ 料理 & 栄養メモ　　揚げてこってりとしがちなナゲットには、しょうがを合わせてあっさりと食べやすく。ナゲットの衣にマヨネーズを加えると、ふっくらとおいしく仕上がります。

鶏レバーとまいたけの
白みそクリームサンド

1人あたり
422
kcal

材料（2人分）

食パン（ライ麦・6枚切り）---2枚

鶏レバー---100g

まいたけ---1/2パック（50g）

レタス---葉1枚

Ⓐ ┌ 酒---大さじ1
　│ しょうゆ---小さじ2
　└ みりん---小さじ2

Ⓑ ┌ サワークリーム---大さじ4
　└ みそ（白）---小さじ2

ごま油---小さじ2

作り方

1 鶏レバーは一口大に切る。ボウルに塩水（水500mℓに対し、塩小さじ1の割合）を用意し、やさしく洗う。ザルにあげてペーパータオルで水けをふき取る。

2 まいたけは軸を切って手でほぐす。レタスは食パンにのる大きさに手でちぎる。

3 フライパンにごま油をひき、**1**、**2**のまいたけを中火で炒める。鶏レバーの表面に焼き色がついたら、Ⓐを加えて炒める。

4 食パン2枚の片面にⒷをぬる。1枚のⒷをぬった面に**2**のレタス、**3**をのせる。もう1枚のⒷをぬった面を下にして挟み、半分に切る。

 料理 & 栄養メモ　鶏レバーには動物性のヘム鉄が含まれており、体内への吸収率が高いので貧血気味のときなどにもおすすめです。和の調味料と酸味のあるサワークリームは相性◎。

ローストビーフと
ねぎの香味野菜サンド

1人あたり
410
kcal

材料（2人分）

バゲット（10cm幅）--- 2個

ローストビーフ（下記参照）--- 100g

長ねぎ（白い部分）--- 1本分

A {
しょうが --- 1片（6g）
いりごま（白）--- 小さじ2
ごま油 --- 大さじ1
酢 --- 小さじ2
オイスターソース --- 小さじ1
}

作り方

1 ローストビーフは下記を参照して作り、2mm幅の薄切りにする。

2 長ねぎは芯を取り除き、極細の千切りにする。Ⓐのしょうがはみじん切りにする。

3 ボウルにⒶを混ぜ合わせて、**2**の長ねぎを入れて和える。

4 バゲット2個は1000Wのオーブントースターで2〜3分焼く。横半分に切り、**1**、**3**をのせて挟む。

ローストビーフ

材料（200〜300g）

牛もも肉（かたまり）--- 200〜300g

塩 --- 小さじ1/4

粗挽き黒こしょう --- 小さじ1/4

作り方

1 牛肉は常温に戻し、塩、粗挽き黒こしょうをもみ込む。120℃に予熱したオーブンで40分ほど焼く。

2 **1**を取り出して、二重にしたアルミホイルで包み、粗熱がとれるまで冷ます。

 料理＆栄養メモ　おうちで簡単に作れるローストビーフなので、ぜひチャレンジしてみて。長ねぎは極細に切ると、シャキシャキ感がローストビーフとマッチしておいしいです。

カマンベールチーズと
牛すき焼きの山椒サンド

1人あたり
386
kcal

材料（2人分）

ホットドッグ用パン --- 2個

牛肉（薄切り）--- 100g

カマンベールチーズ（カットタイプ）
--- 2ピース（40g）

ブロッコリースプラウト
--- 1/2パック（10g）

Ⓐ しょうゆ --- 大さじ1
　酒 --- 大さじ1
　みりん --- 大さじ1
　砂糖 --- 小さじ2

山椒 --- 小さじ1/2

ごま油 --- 小さじ2

作り方

1 カマンベールチーズは食べやすい大きさに手でちぎる。ブロッコリースプラウトは軸を切る。

2 フライパンにごま油をひき、牛肉を中火で炒める。牛肉に半分ほど火が通ったらⒶを加え、汁けが半分ほどどなくなるまで炒めたら山椒をふる。

3 ホットドッグ用パン2個は縦に切り目を入れる。**2**、**1**のカマンベールチーズをのせて挟む。

4 1000Wのオーブントースターで、カマンベールチーズが少し溶けるまで**3**を焼く。焼けたら取り出して、**1**のブロッコリースプラウトをのせる。

 料理 & 栄養メモ　噛むとほろっとほぐれる牛すき焼きと、カマンベールチーズのもっちり感に食が進みます。マイルドな味わいのなかに、山椒のピリッとした風味を味わえます。

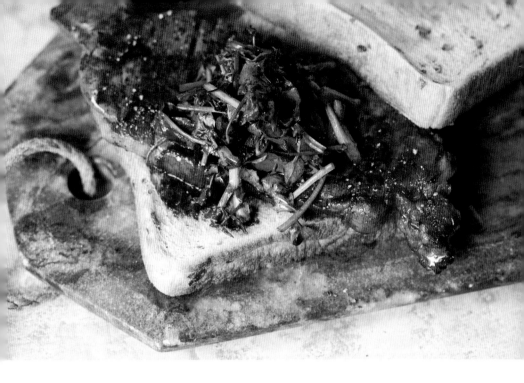

牛ステーキとクレソンの
しょうゆバターサンド

1人あたり
454
kcal

材料（2人分）

食パン（ライ麦・6枚切り）‐‐‐2枚

牛ステーキ肉‐‐‐1枚（150g）

クレソン‐‐‐1/2束（25g）

塩‐‐‐少々

粗挽き黒こしょう‐‐‐少々

しょうゆ‐‐‐小さじ2

みりん‐‐‐小さじ1

バター‐‐‐10g

作り方

1 牛肉は常温に戻し、塩、粗挽き黒こしょうを両面にふる。

2 クレソンは2cm幅に切る。

3 フライパンにバターを溶かし、**1**を中火で焼く。両面に焼き色がついたら、しょうゆ、みりんを加えて味つけする。**2**を入れてさっと炒める。

4 食パン2枚は1000Wのオーブントースターで2〜3分焼く。1枚に**3**をのせる。もう1枚で挟み、半分に切る。

 料理 & 栄養メモ　　牛ステーキを豪快にのせたごちそうサンド。パンと肉のやわらかさがおいしく、しょうゆバター味で老若男女に愛される味に。パンに練りわさびをぬって食べても！

納豆ときゅうりの
たくあんチーズサンド

1人あたり
296
kcal

材料（2人分）

食パン（6枚切り）--- 2枚
納豆 --- 1パック（40g）
きゅうり --- 1本
たくあん漬け（市販）--- 20g
チェダーチーズ（スライス）--- 1枚
ⒶⒶ｜ マヨネーズ --- 大さじ1
｜ しょうゆ --- 小さじ1

作り方

1 きゅうりは横半分に切り、3mm幅の薄切りにする。たくあん漬けは粗みじん切りにする。

2 ボウルに **1** のたくあん漬け、納豆を入れて和える。

3 食パン1枚の片面にⒶをぬる。もう1枚にチェダーチーズをのせ、2枚とも1000Wのオーブントースターで2〜3分焼く。

4 **3** のⒶをぬった1枚に **1** のきゅうりを重ねながらのせ、**2** をのせる。もう1枚のチェダーチーズをのせた面を下にして挟み、半分に切る。

 料理＆栄養メモ　大きめに切ったたくあんときゅうりを組み合わせて、ポリポリ食感が楽しい一品に。パンは焼くことで香ばしく、具材ともよく合うのでおいしく食べられます。

とうもろこしの
焦がしソースバターサンド

1人あたり
349
kcal

材料（2人分）

食パン（山型・6枚切り）--- 2枚

とうもろこし --- 1本

粗挽き黒こしょう --- 小さじ1/3

ウスターソース --- 大さじ1

パルメザンチーズ（粉末）

  --- 小さじ1

バター --- 10g

作り方

1 とうもろこしは芯から実を削ぎ落とす。

2 フライパンにバターを溶かし、**1**を中火で炒める。焼き色がついてきたら粗挽き黒こしょうをふる。ウスターソースを加えて、しっかり焼き色がつくまで焼く。

3 食パン2枚は1000Wのオーブントースターで2〜3分焼く。

4 **3**の1枚に**2**をのせ、パルメザンチーズをふりかける。もう1枚で挟み、半分に切る。

料理＆栄養メモ とうもろこしをウスターソースとバターで炒めて、甘みと香ばしさを引き立たせています。生のとうもろこしが手に入らなければコーン缶で代用しても大丈夫です。

ひじきと豆苗の焼き蕎麦サンド

1人あたり
341
kcal

材料（2人分）

食パン（6枚切り）--- 2枚

ひじき（乾燥）--- 2g

豆苗 --- 1/2パック（50g）

蕎麦麺（チルド）--- 50g

にんにく --- 1片（6g）

赤とうがらし（輪切り）--- 1本分

しょうゆ --- 小さじ1

塩 --- 少々

Ⓐ ┌ マヨネーズ --- 大さじ1
  └ 練りからし --- 小さじ1/2

ごま油 --- 大さじ1

作り方

1 ひじきは水で戻し、水けをきる。

2 豆苗は軸を切る。にんにくはみじん切りにする。

3 フライパンにごま油をひき、**2**のにんにく、赤とうがらしを弱火で炒める。にんにくの香りがたってきたら、蕎麦麺、水大さじ1（分量外）を入れて麺をほぐしながら炒める。

4 **1**、**2**の豆苗を入れて炒める。豆苗がしんなりとしてきたらしょうゆ、塩を加えて味つけする。

5 食パン2枚の片面にⒶをぬる。

6 **5**の1枚のⒶをぬった面に**4**をのせる。もう1枚のⒶをぬった面を下にして挟み、半分に切る。

Point

もちもち×シャキシャキ食感の組み合わせでメリハリを

もちもちの蕎麦麺には、シャキシャキと歯ごたえのある豆苗などの野菜を合わせて。異なる食感の食材を組み合わせることで、メリハリが出てもっとおいしく食べられます。

 料理 & 栄養メモ　蕎麦麺を使った、和風仕立ての"焼き蕎麦"サンドです。ひじきと豆苗をペペロンチーノ風に炒めて、全体に奥深い味わいを出します。パンは焼かずにしっとりと。

えびカツとアボカドの
柑橘ソースサンド

1人あたり
419
kcal

材料（2人分）

食パン（6枚切り）--- 2枚

むきえび --- 100g

アボカド --- 1/2個

フリルレタス --- 葉2枚

しょうが --- 1片（6g）

塩 --- 少々

片栗粉 --- 小さじ2

薄力粉 --- 小さじ2

溶き卵 --- 1/2個分

パン粉 --- 大さじ4

Ⓐ｜ ウスターソース --- 小さじ2
｜ レモン汁 --- 小さじ1/2

サラダ油 --- 適量

作り方

1 えびは包丁で粗めに叩き、塩をふって5分ほどおく。ペーパータオルでしっかりと水けをふき取る。

2 アボカドは5mm幅に切る。フリルレタスは食パンにのる大きさに手でちぎる。しょうがはすりおろす。

3 えびカツを作る。ボウルに**1**、**2**のしょうが、片栗粉を入れて手で混ぜ合わせ、丸型に成形する。

4 フライパンにサラダ油を4cm深さほど入れて、180℃に温める。**3**に薄力粉→溶き卵→パン粉の順にまぶし、4〜5分揚げる。

5 食パン2枚は1000Wのオーブントースターで2〜3分焼く。2枚の片面にⒶをぬる。

6 **5**の1枚のⒶをぬった面に、**2**のフリルレタスをひく。**4**をのせて、**2**のアボカドを重ねながらのせる。もう1枚のⒶをぬった面を下にして挟み、半分に切る。

☑ 料理＆栄養メモ　最後まであっさりと食べ進められるように、えびカツの具材にすりおろしたしょうがを加えています。ソースにはレモン汁を加えて、さっぱり感を出しました。

ちりめんじゃこの和風ジャーマンポテトサンド

1人あたり
215
kcal

材料（2人分）

ホットドッグ用パン --- 2個
ちりめんじゃこ --- 20g
じゃがいも --- 1個（100g）
玉ねぎ --- 1/4個（50g）
大葉 --- 4枚
にんにく --- 1片（6g）
オイスターソース --- 小さじ1
塩 --- 少々
粗挽き黒こしょう --- 小さじ1/3
オリーブオイル --- 小さじ2

作り方

1 じゃがいもは皮をむく。鍋に塩少々（分量外）を入れたたっぷりのお湯を用意し、竹串がすっと通るまでゆでる。ザルにあげて水けをきり、一口大の乱切りにする。

2 玉ねぎは1cm幅のくし切りにする。大葉は1mm幅の千切りにする（仕上げ用に少量残しておく）。にんにくはみじん切りにする。

3 フライパンにオリーブオイルをひき、2のにんにくを弱火で炒める。にんにくの香りがたってきたら、玉ねぎを入れて中火で炒める。

4 玉ねぎがしんなりとしてきたら、1、ちりめんじゃこを入れて炒める。オイスターソース、塩、粗挽き黒こしょうを加えて味つけする。火をとめ、2の大葉を入れて和える。

5 ホットドッグ用パン2個は縦に切り目を入れる。4を挟み、残しておいた大葉をのせる。

☑ 料理 & 栄養メモ　しっかりと味をつけたジャーマンポテトに大葉を入れて、爽やかな風味が引き立つ和風味に。カリカリ食感がアクセントのちりめんじゃこをポテトにまとわせて。

しらすとキャベツの
塩昆布クリームサンド

1人あたり
334
kcal

材料（2人分）

食パン（6枚切り）--- 2枚

しらす干し --- 40g

キャベツ --- 葉2枚

クリームチーズ

　（キューブタイプ）--- 2個

塩昆布 --- 大さじ1

マヨネーズ --- 大さじ2

しょうゆ --- 小さじ1

作り方

1 キャベツは2mm幅の千切りにし、氷水に2分ほどさらして水けをきる。

2 クリームチーズは4等分に切る。塩昆布は食用はさみなどで細かく切る。

3 ボウルに **1**、**2**、しらす干し、マヨネーズ、しょうゆを入れて和える。

4 食パン1枚に **3** をのせ、もう1枚で挟み、半分に切る。

 料理 & 栄養メモ　キャベツの葉を2枚使い、野菜たっぷりで食べごたえ満点にしました。みずみずしいキャベツ、濃厚なクリームチーズ、しらすの塩け、塩昆布の旨みが合います。

焼き鮭と水菜の
梅クリームサンド

1人あたり
309
kcal

材料（2人分）

食パン（山型・6枚切り）--- 2枚

しゃけ（切り身）--- 1切れ

水菜 --- 1/2株（25g）

梅クリームペースト

（P.067参照）--- 大さじ2

作り方

1 しゃけは魚焼きグリルなどで片面につき3～4分焼き、両面に焼き色をつける。粗熱をとり、骨を取り除いて身を粗めにほぐす。

2 水菜は3cm幅に切る。

3 食パン1枚の片面に梅クリームペーストをぬる。

4 3のペーストをぬった面に2、1をのせる。もう1枚で挟み、半分に切る。

☑ 料理 & 栄養メモ　　水菜、しゃけ、梅干し＆クリームチーズのペーストと、淡白な組み合わせながらもきちんとおいしさを感じられます。ほくほくのしゃけの旨みがクセになりますよ。

ししゃもと玉ねぎの
おかかマリネサンド

1人あたり
304
kcal

材料（2人分）

食パン（6枚切り）･･･2枚

ししゃも･･･4尾

玉ねぎ･･･1/6個（30g）

しょうが･･･1片（6g）

かつお節･･･1パック（2g）

ポン酢･･･大さじ2

Ⓐ マヨネーズ･･･大さじ1
　七味唐辛子･･･小さじ1/2

作り方

1 ししゃもは魚焼きグリルなどで片面につき4分焼く。

2 玉ねぎは2mm幅の薄切りにし、水に5分ほどさらして水けをしっかりきる。しょうがはすりおろす。

3 ボウルに**2**、かつお節、ポン酢を入れて和える。

4 食パン2枚の片面にⒶをぬる。1枚のⒶをぬった面に**1**を並べて、**3**をのせる。もう1枚のⒶをぬった面を下にして挟み、半分に切る。

🗸 料理 & 栄養メモ

ししゃも×パンのめずらしい組み合わせですが、とてもおいしいんです。こんがり焼いたししゃもにおかかマリネをのせ、辛みのあるマヨソースとともに。ししゃもの卵のプチプチ感が玉ねぎとよく合います。

玉ねぎと小ねぎの
ゆずほたてロールサンド

1人あたり
168
kcal

材料（2人分）

ロールパン --- 2個

玉ねぎ --- 1/4個（50g）

小ねぎ --- 2本

ほたてのゆずこしょうペースト

（P.066参照）--- 大さじ4

作り方

1 玉ねぎは2mm幅の薄切りにし、水に5分ほどさらして水けをきる。

2 小ねぎは小口切りにする。

3 ボウルに **1**、ほたてのゆずこしょうペーストを入れて和える。

4 ロールパン2個は縦に切り目を入れる。**3** を挟み、**2** を散らす。

 料理 & 栄養メモ

ほたてとゆずこしょうの風味がおいしいペーストに、食感のいい野菜を合わせて。玉ねぎは生でそのまま食べると辛みが強いので、水にしっかりさらしてください。

カニカマとししとうの
辛マヨサンド

1人あたり
205
kcal

材料（2人分）

ロールパン --- 2個

カニカマ --- 50g

ししとう --- 4本

Ⓐ マヨネーズ --- 大さじ2
　 豆板醤 --- 小さじ1/2

作り方

1 カニカマは身を粗めにほぐす。

2 ししとうは5mm幅の輪切りにする。

3 ロールパン2個は縦に切り目を入れる。切り目にⒶを
ぬり、**1**、**2**を挟む。

☑ 料理 & 栄養メモ　　マイルドな旨みのカニカマと、辛さひかえめのししとうがおいしいです。ししとうは、
なかには種の部分が辛いものもあるので、試食して辛すぎるなら種を除いても。

長芋とたらこの とろろホットサンド

1人あたり
243
kcal

材料（2人分）

食パン（ライ麦・6枚切り）‑‑‑2枚

長芋‑‑‑50g

たらこ‑‑‑1腹（40g）

みつば‑‑‑1/2株（20g）

めんつゆ（3倍濃縮）‑‑‑小さじ2

バター‑‑‑5g

作り方

1 長芋はすりおろす。たらこは薄皮をはがして身をほぐす。みつばは2cm幅に切る。

2 ボウルに**1**の長芋、たらこ、めんつゆを入れて混ぜ合わせる。

3 食パン1枚のフチに沿って包丁の先で浅く切り目を入れ、スプーンで押してくぼみを作る。くぼみに**2**、**1**のみつばをのせてもう1枚で挟む（P.116の1～3参照）。

4 フライパンにバターを溶かし、弱中火の状態で**3**をのせる。アルミホイルをかぶせて、重石をのせて焼く。2～3分焼いたらひっくり返し、再びアルミホイルをかぶせて重石をのせる（P.116、117の4～7参照）。

5 焼き色がついたら取り出し、半分に切る。

 料理 & 栄養メモ

たらこ風味のとろろのおいしさが幸せな気持ちにさせてくれます。長芋には、疲労回復効果が期待できるアルギニンが含まれているので、夏バテの際などに積極的に食べたいサンドのひとつです。

ツナと春菊の
ねりごまサンド

1人あたり
265
kcal

材 料（2人分）

サンドイッチ用パン --- 4枚

ツナ缶（水煮）--- 1缶（70g）

春菊 --- 1/2束（25g）

マヨネーズ --- 大さじ2

ねりごま（白）--- 大さじ1

ごま油 --- 小さじ1

作り方

1 ツナは水けをきる。

2 春菊は2cm幅に切る。

3 ボウルに **1**、**2**、マヨネーズ、ねりごま、ごま油を入れて和える。

4 サンドイッチ用パン2枚に **3** をのせる。残りの2枚でそれぞれ挟み、半分に切る。

 料理 & 栄養メモ　春菊のほろ苦さが苦手な方も、隠し味にごま油を入れて風味をプラスすることで食べやすくなるので、ぜひ一度はお試しあれ。ツナマヨのまろやかな味わいも◎。

さんまとみょうがの
マフィンサンド

1人あたり
234
kcal

材料（2人分）

イングリッシュマフィン --- 2個
みょうが --- 2本
さんまのソルトペースト

　（P.067参照）--- 大さじ4

作り方

1 みょうがは小口切りにする。

2 イングリッシュマフィン2個は半分に割り、1000W
のオーブントースターで2～3分焼く。

3 2の下半分にさんまのソルトペーストをぬる。1をの
せ、もう半分で挟む。

 料理 & 栄養メモ　　濃厚なさんまのソルトペーストに、さっぱりとしたみょうがを合わせました。みょ
うがのアルファーピネンという香り成分には、ストレス緩和効果が期待できます。

さばクリームと
サラダ菜のサンド

1人あたり
180
kcal

材料（2人分）

サンドイッチ用パン --- 4枚

サラダ菜 --- 4枚

さばみそペースト

（P.067参照）--- 大さじ4

練りからし --- 小さじ1

作り方

1 サラダ菜はサンドイッチ用パンにのる大きさに手でちぎる。

2 サンドイッチ用パン2枚の片面に練りからしをぬる。

3 2の2枚のからしをぬった面にさばみそペーストをぬり、1をのせる。残りの2枚でそれぞれ挟み、4等分に切る。

 料理 & 栄養メモ　　パンに練りからしをぬるひと手間で、サンド全体がメリハリのある味わいに仕上がります。さばみそペーストは濃厚なので、サラダ菜などあっさりした葉野菜を。

ねぎとろと野沢菜の
焼きのりサンド

1人あたり
253
kcal

材料（2人分）

食パン（6枚切り）--- 2枚

ねぎとろ --- 80g

野沢菜漬け（市販）--- 40g

焼きのり（全型1/4枚）--- 1枚

A {
　しょうゆ --- 小さじ1/2
　練りわさび --- 少々
}

ごま油 --- 小さじ2

作り方

1 ボウルにねぎとろ、Ⓐを入れて和える。

2 野沢菜漬けは5mm幅に切る。焼きのりは横半分に手でちぎる。

3 食パン2枚の片面にごま油をぬり、1000Wのオーブントースターで2〜3分焼く。

4 3の1枚のごま油をぬった面に、2の焼きのりをのせる。1、2の野沢菜漬けをのせ、もう1枚のごま油をぬった面を下にして挟み、半分に切る。

 料理＆栄養メモ　ごま油をぬってから焼くことで香ばしさが足され、のりの風味ととても合います。ねぎとろと野沢菜漬けの食感が楽しく、いくらでも食べられちゃうおいしさです。

サンドがきれいに仕上がる

組み立て・切り方・包み方のコツ

パンと具材がしっかりとまとまってこそ、初めておいしいサンドは完成します。
お腹も心も満たされる、大満足の一品に仕上げましょう。

組み立てのコツ

ちょっとしたのせ方の工夫で、サンドはもっとおいしく仕上がります。
具材のタイプによる、覚えておくとよい組み立ての大事なポイントです。

水分の多い具材

パンが水っぽくならないよう、水けのある具材は最後にのせます。
※先にバターやペーストをぬるのも、パンが水っぽくなるのを防ぐのに効果的です

水分の少ない具材を先にのせて、パンがべちゃっとした食感になるのを防ぐ

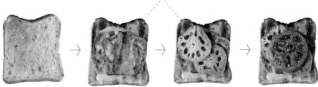

1cm角の細かな具材

こぼれやすい細かな具材は、受け皿の役割をしてくれる葉を最初にひきましょう。

パンの大きさに合わせてちぎる　　葉に納まるように具材をのせる

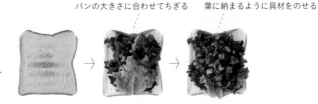

ボリューミーな具材

メインの具材が大きい場合、その他の具材で挟むと味のまとまりがよくなります。

メイン具材はまん中に

薄切りの具材

薄切りの具材は、重ねることでたくさんのせることができ、食べごたえが出ます。

ちょっとずつずらしながら重ねるように並べる

切り方のコツ

食材が重なり合った断面の見え方も、食欲をそそるきっかけのひとつ。
見栄え、食べやすさ、持ちやすさなどを意識して切ってみましょう。

横に切る

横半分に切ります。持ち
運びにも重宝する、定番
の切り方です。

斜めに切る

斜め半分に切ります。両
端が角になっていて口に
ふくみやすいです。

十字に切る

4等分の小さな四角の形
になる切り方。片手で食
べやすいので便利です。

斜めに十字に切る

4等分の小さな三角の形
になる切り方。かわいら
しい印象に仕上がります。

包み方のコツ

具材が多いサンドは、包むことでこぼれにくく、食べやすくなります。
包み方にもおいしく食べるための秘密が隠されているんです。

（1）

クッキングシートまたはラップを
30cm長さほど用意する。サンドを
中心におき、左のシートをたたむ。

（2）

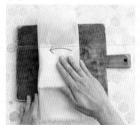

サンドにぴったり沿わせながら、右
のシートを重ねる。

（3）

2のシートの端の上下をテープで
とめる。

（4）

下のシートを内側に折り込み、テー
プでとめる。

（5）

上下を返す。もう1カ所も同様に折
り込み、テープでとめる。

（6）

すぐに食べる場合は、3でとめた
テープを基準にしながら半分に切る。

ホットサンドの
組み立てのコツ

専用の調理器具がなくてもチャレンジできる、ホットサンドの作り方。
山型パンで作りたい場合も、同様のやり方でOKです。

(1)

浅く切り目を入れる

食パン1枚のフチに沿って、包丁の先で浅く切り目
を入れる（食パンの裏側まで切らないように注意）。

(2)

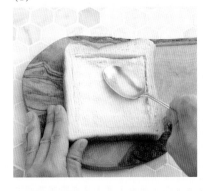

くぼみを作る

の切り目に沿わせながら食パンの白い部分をス
プーンで強めに押し、具材をのせるくぼみを作る。

(3)

具材をのせる

で作ったくぼみからはみ出さないように具材を
のせる。もう1枚の食パンで挟む。

(4)

フライパンで焼く

フライパンにバターを溶かし、3のサンドをのせる。
火加減は弱中火の状態をキープする。

- 包丁とまな板
- 大きめのスプーン
- 30cm長さほどのアルミホイル1枚
- 重石（食パンよりひと回り大きいサイズの鍋）
- フライパン
- フライ返し

(5)

重石をのせる

アルミホイルを食パンよりひと回り大きいサイズにたたみ、**4**にかぶせる。重石（たっぷりの水を入れた鍋）をのせて2〜3分焼く。

(6)

ひっくり返す

2〜3分焼いたらアルミホイルと重石をはずす。きれいに焼き色がついたらひっくり返す。

(7)

再び重石をのせる

アルミホイルを再度**6**にかぶせて、重石をのせる。2〜3分焼く。

(8)

取り出す

2〜3分焼いたらアルミホイルと重石をはずす。きれいに焼き色がついていたら取り出して、完成。

豚しゃぶとミントの
レモンバインミー

1人あたり
464
kcal

材料 (2人分)

バゲット (10cm幅) --- 2個	卵黄 --- 1個分
豚ロース肉 (しゃぶしゃぶ用)	レモン汁 --- 大さじ1
--- 120g	Ⓐ ナンプラー --- 小さじ2
セロリ --- 1/2本 (50g)	はちみつ --- 小さじ1
スペアミント (葉) --- 3g	粗挽き黒こしょう --- 小さじ1/3

作り方

1 豚肉はたっぷりのお湯でゆでて、氷水をはったボウル
で冷やし、ザルにあげる。

2 セロリは茎の筋を取り、2mm幅の斜め切りにする。葉
はお好みの量を2cm幅に切り、水に3分ほどさらして
水けをきる。

3 バゲット2個は横に切り目を入れ、1000Wのオーブン
トースターで2〜3分焼く。

4 ボウルに**1**、**2**の茎と葉、Ⓐを入れて和える。**3**にの
せて挟み、スペアミントを添える。

 料理 & 栄養メモ

「バインミー」とは、具だくさんでボリューミーなベト
ナム風サンドイッチ。レモン汁で酸味を効かせたソース
と、清涼感のあるミントでさっぱりと食べられます。

(3章) エスニックサンド

タイ、ベトナムなど、現地を旅して感じたアジア料理の
おいしさをサンドに。食べると気持ちが晴れるエスニックの食材や調味料を
ふんだんに取り入れた、お腹も心も大満足のサンドが盛りだくさん！

砂肝とクレソンの
バインミー

1人あたり
327
kcal

材料（2人分）

バゲット（10cm幅）--- 2個

砂肝 --- 100g

クレソン --- 1束（50g）

Ⓐ ┌ しょうが --- 1片（6g）
　├ ケチャップ --- 大さじ2
　├ スイートチリソース --- 小さじ2
　└ しょうゆ --- 小さじ1

サラダ油 --- 小さじ2

作り方

1 砂肝はつながっている部分を切り、銀皮を削ぎ落として1cmほどの切り目を縦に3カ所に入れる。クレソンは3cm幅に切る。Ⓐのしょうがはすりおろす。

2 バゲット2個は横半分に切り、1000Wのオーブントースターで2～3分焼く。

3 フライパンにサラダ油をひき、**1**の砂肝を中火で焼く。表面に焼き色がついたらⒶを加えて味つけする。

4 **2**の下半分に**3**、**1**のクレソンをのせ、もう半分で挟む。

 料理 & 栄養メモ 　噛むたびに旨みを感じる砂肝を、ケチャップとスイートチリソースを使った甘辛ソースにからめて。こってり系の味ですが、しょうがを入れてなじみの味に。

鶏レバーとにんじんの
バインミー

1人あたり
402
kcal

材料（2人分）

バゲット（10cm幅）--- 2個

レバーのしょうゆバターペースト
　（P.064参照）--- 大さじ6

にんじん --- 2/3本（100g）

塩 --- 小さじ1/4

米酢 --- 大さじ1

砂糖 --- 小さじ1

カシューナッツ --- 10粒

作り方

1 にんじんは2mm幅の千切りにして塩でもみ込む。10分ほどおき、水けが出てきたらペーパータオルでふき取る。

2 ボウルに **1**、米酢、砂糖を入れてもみ込み、冷蔵庫で20分ほど漬ける。

3 バゲット2個は1000Wのオーブントースターで2〜3分焼き、横に切り目を入れる。

4 **3** の切り目にレバーのしょうゆバターペーストをぬり、**2** を挟む。カシューナッツを砕いて散らす。

 料理＆栄養メモ　濃厚なレバーペーストには、あっさり味のにんじんなますでバランスのいい味わいに。仕上げにカシューナッツを加えて、いろんな食感を楽しむことができます。

チキンのヤムウンセンサンド

1人あたり
261
kcal

材料 (2人分)

食パン (ライ麦・6枚切り) --- 2枚

鶏ももひき肉 --- 50g

紫玉ねぎ --- 1/6個 (30g)

パクチー --- 1/2束

春雨 (乾燥) --- 10g

酒 --- 小さじ1

Ⓐ
｜赤とうがらし (輪切り) --- 1/2本分
｜酢 --- 小さじ2
｜ナンプラー --- 小さじ2
｜砂糖 --- 小さじ1
｜塩 --- 少々
｜粗挽き黒こしょう --- 少々

ごま油 --- 小さじ1

作り方

1 紫玉ねぎは2mm幅の薄切りにし、水に5分ほどさらして水けをきる。パクチーは3cm幅に切る。

2 春雨は熱湯で2〜3分ゆでて粗熱をとり、水けをきって食べやすい長さに切る。

3 フライパンにごま油をひき、鶏肉を入れてヘラなどでそぼろ状になるように中火で炒める。鶏肉に半分ほど火が通ったら、酒をふり入れ、汁けを飛ばしながらさらに炒める。

4 ボウルに**1**、**2**、**3**、Ⓐを入れて和える。

5 食パン1枚に**4**をのせて、もう1枚で挟み、半分に切る。

Point

弾力のある鶏肉を使って
満足感のあるサンドに

ヤムウンセンは、通常はえびなどの魚介類を使うことが多いですが、より食べごたえがあり、パンに合う鶏ひき肉をメイン具材にしてアレンジしています。

 料理 & 栄養メモ　　タイでは定番の「ヤムウンセン」。パクチーをたっぷり使ってエスニックのおいしさを堪能できる味に。紫玉ねぎには善玉コレステロールを増やす働きがあります。

鶏肉と赤パプリカの
ガパオホットサンド

1人あたり
382
kcal

材料（2人分）

食パン（ライ麦・6枚切り）--- 2枚

鶏ももひき肉 --- 80g

パプリカ（赤）--- 1/4個

バジル --- 葉8枚

キャベツ --- 葉1枚

にんにく --- 1片（6g）

赤とうがらし（輪切り）--- 1/2本分

```
      ┌ ナンプラー --- 小さじ2
Ⓐ ｜ ウスターソース --- 小さじ1
      └ 粗挽き黒こしょう --- 少々
```

ピザ用チーズ --- 30g

サラダ油 --- 小さじ2

バター --- 5g

作り方

1 パプリカは5mm角に切る。バジルは食べやすい大きさに手でちぎる。キャベツは2mm幅の千切りにし、氷水に2分ほどさらして水けをきる。にんにくはみじん切りにする。

2 フライパンにサラダ油をひき、**1**のにんにく、赤とうがらしを入れて弱火で炒める。にんにくの香りがたってきたら、鶏肉、**1**のパプリカを入れてヘラなどでそぼろ状になるように中火で炒める。

3 鶏肉に半分ほど火が通ったら、Ⓐを加えて炒める。**1**のバジルを加えて火をとめる。

4 食パン1枚のフチに包丁の先で浅く切り目を入れ、スプーンで押してくぼみを作る。くぼみに**3**、ピザ用チーズ、**1**のキャベツをのせてもう1枚で挟む（P.116の1〜3参照）。

5 フライパンにバターを溶かし、弱中火の状態で**4**をのせる。アルミホイルをかぶせて、重石をのせて焼く。2〜3分焼いたらひっくり返し、再びアルミホイルをかぶせて重石をのせる（P.116、117の4〜7参照）。

6 焼き色がついたら取り出し、半分に切る。

☑ 料理 & 栄養メモ　鶏ひき肉のジューシーな旨みのなかに、バジルの香りをふわっと感じられます。肉のボリュームに負けないくらいキャベツをたっぷり入れて、野菜感も楽しんで。

ドライキーマカレーと
いんげんのサンド

1人あたり
396
kcal

材料（2人分）

食パン（ライ麦・6枚切り）‑‑‑2枚

牛豚合びき肉‑‑‑80g

いんげん‑‑‑4本

玉ねぎ‑‑‑1/6個（30g）

にんにく‑‑‑1片（6g）

クミンシード‑‑‑小さじ1/2

オイスターソース‑‑‑小さじ2

カレー粉‑‑‑小さじ1

ピザ用チーズ‑‑‑30g

サラダ油‑‑‑小さじ2

作り方

1 いんげんは1cm幅の小口切りにする。玉ねぎ、にんにくはそれぞれみじん切りにする。

2 フライパンにサラダ油をひき、**1**のにんにく、クミンシードを弱火で炒める。クミンシードのまわりがふつふつと泡立ち、香りがたってきたら**1**の玉ねぎを入れてしんなりするまで炒める。

3 合びき肉、**1**のいんげんを入れてヘラなどでそぼろ状になるように中火で炒める。合びき肉に半分ほど火が通ったら、オイスターソース、カレー粉を加えて味つけする。

4 食パン1枚に**3**、ピザ用チーズをのせる。1000Wのオーブントースターで2〜3分焼く（もう1枚も同時に焼く）。焼けたらもう1枚で挟み、半分に切る。

 料理 & 栄養メモ　　クミンシードの香りをしっかりと感じられるドライキーマカレーは、チーズと合わさることでマイルドに。いんげんのジャキジャキとした歯ごたえがアクセントです。

鶏肉と水菜のサテ風サンド

材料（2人分）

食パン（6枚切り） - - - 2枚

鶏もも肉 - - - 小1枚（200〜250g）

水菜 - - - 1/2株（25g）

にんにく - - - 1片（6g）

Ⓐ
ピーナッツバター - - - 大さじ2
ケチャップ - - - 大さじ2
ナンプラー - - - 大さじ1
カレー粉 - - - 小さじ1

作り方

1 水菜は3cm幅に切る。にんにくはすりおろす。

2 鶏肉はフォークで表面全体に穴をあけ、**1**のにんにくをすり込む。ボウルにⒶとともに入れてもみ込み、ラップをして冷蔵庫で30分漬け込む（時間があれば2時間以上漬け込むとさらにおいしい）。

3 200℃に予熱したオーブンで**2**を20分ほど焼く。粗熱がとれたら1cm幅に切る。

4 食パン2枚は1000Wのオーブントースターで2〜3分焼く。1枚に**1**の水菜半量をひき、**3**をのせる。残りの水菜をのせ、もう1枚で挟み、半分に切る。

 料理 & 栄養メモ　インドネシアの串焼き料理「サテ」をイメージしてパンに挟んだ、新しい楽しみ方。コクのあるピーナッツバターと、酸味と甘みのあるケチャップの旨みをひとつに。

鶏肉とかいわれ大根の
ガイヤーンサンド

1人あたり
437
kcal

材料（2人分）

食パン（山型・6枚切り）--- 2枚

鶏もも肉 --- 小1枚（200〜250g）

かいわれ大根 --- 1/2パック

Ⓐ
　にんにく --- 1片（6g）
　オイスターソース --- 小さじ2
　ナンプラー --- 小さじ2
　はちみつ --- 小さじ2

作り方

1 かいわれ大根は軸を切る。Ⓐのにんにくはすりおろす。

2 鶏肉はフォークで表面全体に穴をあけ、ボウルにⒶとともに入れてもみ込む（時間があれば、冷蔵庫で30分以上漬け込むとさらにおいしい）。

3 200℃に予熱したオーブンで**2**を20分ほど焼く。粗熱がとれたら1cm幅に切る。

4 食パン2枚は1000Wのオーブントースターで2〜3分焼く。1枚に**1**のかいわれ大根、**3**をのせて、もう1枚で挟み、半分に切る。

POINT

タイのボリューム満点
焼き鳥「ガイヤーン」

ガイヤーンとは、タイ料理の"鶏の焼き鳥"のことです。今回は、にんにくの風味を効かせたたれをつけてこんがり焼き上げました。現地の味わいをぜひご堪能ください。

 料理＆栄養メモ　　鶏もも肉1枚を豪快に使った、食べごたえ抜群の絶品サンド！　鶏肉はオーブンでじっくり焼いてジューシーに。キンキンに冷えたビールと楽しむのもいいですね。

パクチーのカオマンガイ風サンド

作り方　P.132

にんじんといんげんのソムタムオープンサンド

作り方　P.133

パクチーの
カオマンガイ風サンド

1人あたり
527
kcal

材料（2人分）

食パン（6枚切り）--- 2枚

鶏もも肉 --- 小1枚（200〜250g）

パクチー --- 1束

Ⓐ
| にんにく --- 1片（6g）
| 砂糖 --- 小さじ1/2
| 塩 --- 小さじ1/4

Ⓑ
| しょうが --- 2片（12g）
| オイスターソース --- 小さじ1
| ナンプラー --- 小さじ1
| ごま油 --- 小さじ1
| いりごま（白）--- 小さじ1

Ⓒ
| マヨネーズ --- 大さじ2
| みそ --- 小さじ1

作り方

1 Ⓐのにんにく、Ⓑのしょうがはそれぞれすりおろす。

2 鶏肉はフォークで表面全体に穴をあけ、ボウルにⒶとともに入れてもみ込む。ラップをして冷蔵庫で30分ほど漬け込む。

3 鶏肉が浸かる量の熱湯を沸かし、**2**を入れて水面がふつふつするくらいの状態で10分ほど煮込む。火をとめてフタをし、余熱で温める。粗熱をとり、1cm幅のそぎ切りにする。

4 パクチーは3cm幅に切る。ボウルでⒷとともに和える。

5 食パン2枚の片面にⒸをぬり、1000Wのオーブントースターで2〜3分焼く。1枚のⒸをぬった面に**3**、**4**をのせる。もう1枚のⒸをぬった面を下にして挟み、半分に切る。

✓ 料理 & 栄養メモ　タイ料理の"ゆで鶏のチキンライス"である「カオマンガイ」を、パンに合うレシピに。鶏もも肉はゆでてもパサつかないので、肉汁が口いっぱいに広がります。

にんじんといんげんの
ソムタムオープンサンド

1人あたり
196
kcal

材料（2人分）

バゲット（1cm幅）‑‑‑8枚

にんじん‑‑‑1/2本（75g）

いんげん‑‑‑4本

桜えび‑‑‑大さじ1

ピーナッツ‑‑‑5粒

Ⓐ
しょうが‑‑‑1/2片（3g）
ナンプラー‑‑‑大さじ1
砂糖‑‑‑小さじ2
酢‑‑‑小さじ2

Ⓑ
にんにく‑‑‑1片（6g）
オリーブオイル‑‑‑大さじ1

作り方

1 にんじんは3㎜幅の千切りにし、塩少々（分量外）をもみ込んでしんなりさせる。いんげんはたっぷりのお湯で1分ほどゆでて、2cm幅の斜め切りにする。

2 桜えび、ピーナッツはそれぞれ粗みじん切りにする。

3 Ⓐのしょうがは極みじん切りにする。Ⓑのにんにくはすりおろす。

4 ボウルに**1**、**2**、Ⓐを入れて和える。

5 バゲット8枚の片面にⒷをぬり、1000Wのオーブントースターで3〜4分焼く。8枚それぞれに**4**をのせる。

 料理＆栄養メモ　にんじんといんげんで作る、すっきりとした味わいのオープンサンドです。「ソムタム」は本来とっても辛い料理ですが、辛さは足さずに食べやすくしています。

きゅうりとミニトマトの
ライタサンド

1人あたり
198
kcal

材料（2人分）

イングリッシュマフィン --- 2個

きゅうり --- 1本

ミニトマト --- 6粒

バター --- 5g

Ⓐ
にんにく --- 1/4片 (約1.5g)

ヨーグルト（無糖）--- 大さじ4

クミンパウダー --- 小さじ1/2

塩 --- 少々

粗挽き黒こしょう --- 少々

作り方

1 バターは常温に戻す。イングリッシュマフィン2個は半分に割り、下半分にバターをぬる。1000Wのオーブントースターで2〜3分焼く。

2 きゅうりは縦4等分に切り、1cm幅に切る。ミニトマトはヘタを取り、縦4等分に切る。Ⓐのにんにくはすりおろす。

3 ボウルに2、Ⓐを入れて和える。

4 1のバターをぬった下半分に3をのせ、もう半分で挟む。

 料理 & 栄養メモ

「ライタ」とは、インドをはじめとする野菜やくだものをヨーグルトで和えた料理。パンに合うようにクミンとにんにくを効かせて。ラップなどで包んで食べると◎。

カマンベールカレーポテトと
コーンマヨのサンド

1人あたり
329
kcal

材料（2人分）

食パン（6枚切り）‑‑‑2枚
カマンベールカレーポテトペースト
　（P.060参照）‑‑‑大さじ6
ルッコラ‑‑‑1/2株（30g）
コーン缶‑‑‑50g
マヨネーズ‑‑‑大さじ1と1/2

作り方

1 ルッコラは3cm幅に切る。コーンは水けをきり、マヨネーズと和える。

2 食パン2枚の片面にカマンベールカレーポテトペーストをぬり、1000Wのオーブントースターで2〜3分焼く。

3 2の1枚のペーストをぬった面に1のコーンマヨ、ルッコラをのせる。もう1枚のペーストをぬった面を下にして挟み、半分に切る。

☑ 料理＆栄養メモ　カマンベールチーズとじゃがいもを合わせた風味豊かなペーストは、パンのあっさり感とよく合います。コーンのつぶつぶ食感、ルッコラの歯ごたえがやみつきに。

ゴーヤとみょうがのマリネサンド

1人あたり
199
kcal

材料（2人分）

イングリッシュマフィン --- 2個

ゴーヤ --- 1/4本 (50g)

みょうが --- 1本

ピーナッツ --- 10粒

塩 --- 少々

Ⓐ
- 赤とうがらし
  （輪切り） --- 1/2本分
- ナンプラー --- 小さじ2
- 砂糖 --- 小さじ1
- レモン汁 --- 小さじ1
- 粗挽き黒こしょう --- 少々

バター --- 5g

作り方

1 ゴーヤはワタを取り、2mm幅の薄切りにする。塩でもみ込み、洗って水けをふき取る。みょうがは2mm幅の小口切りにする。ピーナッツは細かく砕く。

2 ボウルに **1**、Ⓐを入れて和え、冷蔵庫で20分以上冷やす。

3 バターは常温に戻す。イングリッシュマフィン2個は半分に割り、下半分にバターをぬる。1000Wのオーブントースターで2〜3分焼く。

4 **3**のバターをぬった下半分に **2**をのせ、もう半分で挟む。

📋 料理 & 栄養メモ　　ゴーヤの苦み成分であるモモルデシンは、胃酸の分泌を助けて食欲の増進に効果的。マリネは冷たく、マフィンは焼いて熱くして、温冷のメリハリを楽しめます。

さつま揚げとしめじの
スイチリマヨサンド

1人あたり
350
kcal

材料（2人分）

食パン（ライ麦・6枚切り）・・・2枚

さつま揚げ・・・1枚

しめじ・・・1/2パック（50g）

Ⓐ┬ マヨネーズ・・・大さじ2
 └ スイートチリソース・・・大さじ1

いりごま（白）・・・小さじ1/2

作り方

1 さつま揚げは1000Wのオーブントースターで片面3
分ずつ焼く。しめじは石づきを切り、たっぷりのお湯
で1分ほどゆでる。ザルにあげて水けをしっかりとき
る。

2 食パン2枚は1000Wのオーブントースターで2〜3分
焼く。

3 ボウルに**1**のさつま揚げ、しめじ、Ⓐの半量を入れ
て和える。

4 **2**の1枚の片面に残りのⒶをぬる。1枚のⒶをぬった
面に**3**をのせていりごまをふる。もう1枚で挟み、半
分に切る。

☑ 料理 & 栄養メモ　さつま揚げは、焼くことで表面はカリッと、なかはふんわり食感に。ぷりっとした
しめじとも相性ばっちりです。Ⓐのソースも絶品なので、ご家庭の新たな定番に！

カニカマの
プーパッポンカレーサンド

1人あたり
305
kcal

材料（2人分）

食パン（山型・6枚切り）--- 2枚
カニカマ --- 20g
玉ねぎ --- 1/6個（30g）
セロリ（葉・レタスでも可）--- 10g
Ⓐ{
　卵 --- 1個
　牛乳 --- 大さじ1と1/2
　砂糖 --- 小さじ1
　オイスターソース --- 小さじ1
　カレー粉 --- 小さじ1/2
　片栗粉 --- 小さじ1/2
　豆板醤 --- 小さじ1/4
}
スライスチーズ --- 1枚
サラダ油 --- 小さじ2

作り方

1 カニカマは身を粗めにほぐす。玉ねぎは2mm幅の薄切りにする。セロリの葉はざく切りにする（レタスの場合は食べやすい大きさに手でちぎる）。

2 Ⓐは混ぜ合わせておく。

3 フライパンにサラダ油をひき、**1** の玉ねぎ、セロリの葉（またはレタス）を入れて中火で炒める。しんなりとしてきたら **1** のカニカマ、Ⓐを入れてヘラなどで大きく混ぜながらスクランブルエッグ状にする。

4 食パン1枚にスライスチーズをのせて、1000Wのオーブントースターで2〜3分焼く（もう1枚も同時に焼く）。

5 **4** のスライスチーズをのせた1枚に **3** をのせ、もう1枚で挟み、半分に切る。

料理＆栄養メモ　「プーパッポン」とはタイ料理の"かにの卵カレー炒め"。バンコクで食べたセロリの葉入りのものが、あっさりしていてとてもおいしかった！　レタスでもOKです。

桜えびとキャベツの
ナンプラーマヨサンド

1人あたり
258
kcal

材料（2人分）

食パン（6枚切り）--- 2枚
桜えび --- 大さじ2
キャベツ --- 葉2枚
にんにく --- 1片 (6g)
ナンプラー --- 小さじ2
マヨネーズ --- 小さじ2
ごま油 --- 小さじ2

作り方

1 食パン2枚は1000Wのオーブントースターで2〜3分焼く。

2 キャベツは5mm幅の太めの千切りにする。にんにくはみじん切りにする。

3 フライパンにごま油をひき、桜えび、**2**のにんにくを入れて弱火で炒める。にんにくの香りがたってきたら、**2**のキャベツを入れて中火で炒める。しんなりとしてきたら、ナンプラーを加えて味つけする。火をとめ、マヨネーズを加えて和える。

4 **1**の1枚に**3**をのせ、もう1枚で挟み、半分に切る。

 料理 & 栄養メモ

香ばしい桜えびとキャベツで温かみのある味に。キャベツを炒めているときに水分がたくさん出てきたら、ペーパータオルでふき取ってから調味料を入れましょう。

えびとパクチーの
タイ風オープンサンド

1人あたり
337
kcal

材料（2人分）

サンドイッチ用パン --- 4枚

むきえび --- 80g

パクチー --- 1/2束

ピーナッツ --- 10粒

Ⓐ
| ピザ用チーズ --- 30g
| マヨネーズ --- 大さじ3
| スイートチリソース --- 大さじ1
| 粗挽き黒こしょう --- 小さじ1/4

作り方

1 えびは竹串で背ワタを取り、包丁で粗めに叩く。パクチーはみじん切りにする。ピーナッツは粗めに砕く。

2 ボウルに **1**、Ⓐを入れて和える。

3 サンドイッチ用パン4枚に **2** をぬり、1000Wのオーブントースターで4〜5分焼く。斜め半分に切る。

 料理 & 栄養メモ　　タイ風のえびパンをイメージしたオープンサンド。えびやピーナッツなど食感の違う食材を組み合わせておいしく仕上げました。食パンに代えてもおいしく作れます。

揚げごぼうとツナの
スイチリサワークリームサンド

1人あたり
254
kcal

材料（2人分）

サンドイッチ用パン --- 4枚

ごぼう --- 1/3本（50g）

ツナ（水煮） --- 1缶（70g）

片栗粉 --- 小さじ2

Ⓐ ┌ サワークリーム --- 大さじ2
　　│ スイートチリソース --- 大さじ1
　　└ はちみつ --- 小さじ1

サラダ油 --- 適量

作り方

1 ごぼうは皮を削ぎ、2mm幅の斜め切りにする。表面に片栗粉をまぶす。

2 ツナは水けをきる。

3 フライパンに1cm深さほどサラダ油を入れて、170℃に温める。**1**を3〜4分揚げる。

4 ボウルに**2**、**3**、Ⓐを入れて和える。

5 サンドイッチ用パン2枚に**4**をのせ、残りの2枚でそれぞれ挟み、4等分に切る。

 料理 & 栄養メモ　　ごぼうは、揚げて香ばしさを足してから甘辛だれとからめることで、どちらの旨みも引き立ちます。サワークリームのほどよい酸味で、さっぱりと食べ進められます。

あさりとディルのオムレツサンド

1人あたり
244
kcal

材料（2人分）

カンパーニュ --- 2枚

あさり（むき身・ボイル）--- 50g

ディル（葉）--- 1g

溶き卵 --- 2個分

砂糖 --- 小さじ2

ナンプラー --- 小さじ2

Ⓐ｜ケチャップ --- 大さじ1
｜豆板醤 --- 小さじ1/4

サラダ油 --- 小さじ2

作り方

1 カンパーニュ2枚は1000Wのオーブントースターで2〜3分焼く。

2 ボウルにあさり、手でちぎったディル、溶き卵、砂糖、ナンプラーを入れて混ぜ合わせる。

3 フライパンにサラダ油をひき、**2**を流し入れて中火で焼く。卵のフチに火が入り、半熟状態になったら半分に折り、両面を焼く。

4 **1**の1枚に**3**をのせ、Ⓐをかける。もう1枚で挟み、半分に切る。

 料理 & 栄養メモ　ベトナムのハノイでは定番のあさりとディルのオムレツを、薄めに切ったカンパーニュに挟んで。ディルを入れると、爽快感のあるあっさりした味わいになります。

挟んで、添えて、お持ち寄りにも

野菜ひとつでさっと作れる
デリ風サラダ

和、洋、エスニック、中華・韓国のサンドに合わせて、サラダもバリエーション豊かに。
つけ合わせにも、お持ち寄りにもおすすめのサンドを彩るデリ風サラダです。

Salad Recipe 1.

にんじんのおかか
粒マスタード

材料（1〜2人分）

にんじん - - - - - - - - - - - - - - - 1本 (150g)
塩 - - - - - - - - - - - - - - - - - - 小さじ1/4
粒マスタード - - - - - - - - - - - - - 小さじ2
しょうゆ - - - - - - - - - - - - - - - - 小さじ1
かつお節 - - - - - - - - - - - - - - - - - 3g

作り方

1 にんじんは2mm幅の千切りにし、塩を
   ふってもみ込む。しんなりとして、水
   けが出てきたら絞る。

2 ボウルに1、粒マスタード、しょうゆ
   を入れて和える。かつお節を入れてさ
   らに和える。

Salad Recipe 2.

キャベツの
マヨレモン和え

材料（1〜2人分）

キャベツ - - - - - - - - - - - - - - - - 葉2枚
塩 - - - - - - - - - - - - - - - - - - 小さじ1/4
砂糖 - - - - - - - - - - - - - - - - - 小さじ1/4
マヨネーズ - - - - - - - - - - - - - - - 大さじ2
レモン汁 - - - - - - - - - - - - - - - - 小さじ1

作り方

1 キャベツは極細の千切りにし、塩、砂
   糖をふってもみ込む。しんなりとして、
   水けが出てきたらしっかり絞る。

2 ボウルに1、マヨネーズ、レモン汁を
   入れて和える。

Salad Recipe 3.

じゃがいもの
ペペロンしょうゆ炒め

材 料（2〜3人分）

じゃがいも - - - - - - - - - - - - 大1個 (150g)
にんにく - - - - - - - - - - - - - - - 2片 (12g)
赤とうがらし (輪切り) - - - - - - - - - - 1本分
しょうゆ - - - - - - - - - - - - - - - - - 小さじ1
オリーブオイル - - - - - - - - - - - - 大さじ2

作り方

1 じゃがいもは皮をむき、5mm幅の千切
　りにする。にんにくは薄切りにする。

2 フライパンにオリーブオイルをひき、
　1のにんにく、赤とうがらしを弱火で
　炒める。にんにくの香りがたってきた
　ら、**1**のじゃがいもを入れて中火で炒
　める。

3 じゃがいもの表面に焼き色がついた
　ら、しょうゆを加えて味つけする。

Salad Recipe 4.

トマトのバジルマリネ

材 料（1〜2人分）

トマト - - - - - - - - - - - - - - - - 1個 (100g)
オリーブオイル - - - - - - - - - - - - 大さじ1
米酢 - - - - - - - - - - - - - - - - - - - 小さじ1
はちみつ - - - - - - - - - - - - - - - - 小さじ1
バジル (粉末) - - - - - - - - - - - - 小さじ1/2

作り方

1 トマトは縦6等分のくし切りにする。

2 ボウルにすべての材料を入れて和え、
　冷蔵庫で20分以上漬ける。

Salad Recipe 5.

ブロッコリーの
カレーバター蒸し

材料（1〜2人分）

ブロッコリー - - - - - - - - - - - - - 1株 (150g)
バター - - - - - - - - - - - - - - - - - - 10g
ナンプラー - - - - - - - - - - - - - - - 小さじ1
カレー粉 - - - - - - - - - - - - - - - 小さじ1/2

作り方

1　ブロッコリーは小房に分けて、水で全
　体をぬらす。

2　耐熱容器に 1 を入れて、ふんわりと
　ラップをし、600Wの電子レンジで3
　〜4分加熱する。水けをきり、温かい
　うちにバターを加えて和える。ナンプ
　ラー、カレー粉を加えてさらに和える。

Salad Recipe 6.

玉ねぎのスイチリ
ヨーグルト和え

材料（1〜2人分）

玉ねぎ - - - - - - - - - - - - - - - 1/2個 (100g)
ヨーグルト（無糖）- - - - - - - - - - - - 大さじ2
スイートチリソース - - - - - - - - 大さじ1/2
粗挽き黒こしょう - - - - - - - - - - - - - 少々

作り方

1　玉ねぎは2mm幅の薄切りにする。水に
　5分ほどさらし、水けをしっかりきる。

2　ボウルにすべての材料を入れてよく和
　える。

Salad Recipe 7.

ヤンニョムなすマリネ

材料（1〜2人分）

なす	1本
ⓐ にんにく	1/2片（3g）
ケチャップ	大さじ2
コチュジャン	小さじ1
はちみつ	小さじ1
いりごま（黒）	小さじ1
ごま油	大さじ1

作り方

1 なすはピーラーなどで皮を縦に4カ所
　むき、1.5cm幅の輪切りにする。

2 ⓐのにんにくはすりおろす。

3 フライパンにごま油をひき、1の両面
　に焼き色がつくまで焼く。なすがしん
　なりとしてきたら、ⓐを加えて炒める。
　いりごまをふり、さらに炒める。

Salad Recipe 8.

きゅうりの
豆板醤ポン酢和え

材料（1〜2人分）

きゅうり	1本
ポン酢	大さじ2
ごま油	小さじ1
豆板醤	小さじ1/4
いりごま（白）	小さじ1

作り方

1 きゅうりは横4等分に切り、さらに縦
　4等分に切る。

2 ボウルにすべての材料を入れて和え、
　冷蔵庫で20分以上漬ける。

Salad Recipe 9.

きんぴらゆずごぼう

材料（1～2人分）

ごぼう - - - - - - - - - - - - - - - 2/3本 (100g)
Ⓐ ┌ 酒　- - - - - - - - - - - - - - - 大さじ2
　├ しょうゆ - - - - - - - - - - - - - 大さじ1
　├ みりん - - - - - - - - - - - - - - 大さじ1
　└ ゆずこしょう - - - - - - - - - - 小さじ1/2
ごま油 - - - - - - - - - - - - - - - - 小さじ2

作り方

1　ごぼうは皮を削ぎ、極細の千切りにする。

2　フライパンにごま油をひき、**1**を中火で炒める。ごぼうがしんなりとしてきたらⒶを加え、さらに2～3分炒める。

Salad Recipe 10.

パプリカの
オイスタージンジャー

材料（1～2人分）

パプリカ（赤）- - - - - - - - - - - - - - - 1個
しょうが - - - - - - - - - - - - - - - - 1片 (6g)
オイスターソース - - - - - - - - - - - 小さじ2
米酢 - - - - - - - - - - - - - - - - - - 小さじ1
ごま油 - - - - - - - - - - - - - - - - - 小さじ1

作り方

1　パプリカは横半分に切って5cm幅の薄切りにし、水で全体をぬらす。しょうがはすりおろす。

2　耐熱容器に**1**のパプリカを入れてふんわりとラップをし、600Wの電子レンジで4分ほど加熱する。

3　**2**に**1**のしょうが、オイスターソース、米酢、ごま油を入れて和える。粗熱がとれたら冷蔵庫で30分以上漬ける。

材料（2人分）

食パン（6枚切り）・・・2枚

豚ひき肉・・・80g

トマト（1cm幅の輪切り）・・・1枚

モッツァレラチーズ
　（1cm幅の輪切り）・・・1枚

にんにく・・・1片（6g）

みそ・・・小さじ1

豆板醤・・・小さじ1/2

Ⓐ ┤
しょうが・・・1片（6g）

しょうゆ・・・小さじ2

酒・・・小さじ2

花椒・・・小さじ1/2

ごま油・・・小さじ2

作り方

1 にんにくはみじん切りにする。Ⓐのしょうがはすりおろし、花椒はミルなどで削る。

2 フライパンにごま油をひき、**1**のにんにくを弱火で炒める。にんにくの香りがたってきたら、みそ、豆板醤を加えて20秒ほど焼く。

3 豚肉を入れて、ヘラなどでそぼろ状になるように中火で炒める。豚肉に半分ほど火が通ったら、Ⓐを加えて炒める。

4 食パン1枚に**3**をのせ、輪切りにしたトマト→モッツァレラチーズの順に重ねる。1000Wのオーブントースターで2〜3分焼く（もう1枚も同時に焼く）。

5 **4**の具をのせた1枚をもう1枚で挟み、半分に切る。

☑ 料理 & 栄養メモ

麻婆そぼろの辛さとシビレ、肉厚なトマトのさっぱり感とモッツァレラチーズの濃厚さがやみつきになること間違いなし！　トマトは厚く切ることで、存在感を出しています。

（ 4章 ） 中華、韓国サンド

花椒や豆板醤、とうがらしなどの刺激的な辛みがパンと調和して
最後までおいしく食べ進めることができます。おなじみの中華、韓国料理を
アレンジした、新感覚のサンドをお召し上がりください。

牛肉とえのきたけの
チャプチェサンド

1人あたり
398
kcal

材料（2人分）

ホットドッグ用パン --- 2個

牛こま切れ肉 --- 80g

えのきたけ --- 1/2パック (50g)

サンチュ --- 葉1枚

春雨（乾燥）--- 10g

にんにく --- 1片 (6g)

Ⓐ
| しょうゆ --- 大さじ1と1/2
| 酒 --- 大さじ1
| みりん --- 大さじ1
| 豆板醤 --- 小さじ1/2

Ⓑ
| マヨネーズ --- 大さじ2
| 練りからし --- 小さじ1/2

ごま油 --- 大さじ1

作り方

1 えのきたけは軸を切り、手でほぐす。サンチュは縦半分に手でちぎる。にんにくはみじん切りにする。

2 春雨はぬるま湯に15分ほど浸して戻し、水けをきって食べやすい長さに切る。

3 フライパンにごま油をひき、**1**のにんにくを弱火で炒める。にんにくの香りがたってきたら、牛肉、**1**のえのきたけを入れて中火で炒める。

4 牛肉に半分ほど火が通ったら、**2**、Ⓐを入れて炒める。

5 ホットドッグ用パン2個は縦に切り目を入れる。切り目にⒷをぬり、1000Wのオーブントースターで2〜3分焼く。

6 **5**に**1**のサンチュをひき、**4**を挟む。

☑ 料理＆栄養メモ　ホットドッグ用パンのよさを活かして、焼きそばパンのように食べやすく。春雨やえのきたけを使って、食感の楽しい食べごたえのあるサンドに仕上げました。

豚肉とにらの
胡椒オイスターサンド

1人あたり
421
kcal

材料（2人分）

食パン（6枚切り）--- 2枚

豚バラ肉（薄切り）--- 100g

にら --- 1/2束（50g）

レタス --- 葉1枚

にんにく --- 1片（6g）

Ⓐ
┌ 酒 --- 小さじ2
│ オイスターソース --- 小さじ2
│ 砂糖 --- 小さじ1
└ 粗挽き黒こしょう --- 小さじ1

ごま油 --- 小さじ2

作り方

1 豚肉は3cm幅に切る。にらは5mm幅の小口切りにする。レタスは食パンにのる大きさに手でちぎる。にんにくはみじん切りにする。

2 フライパンにごま油をひき、**1**のにんにくを弱火で炒める。にんにくの香りがたってきたら、豚肉、にらを入れて中火で炒める。

3 豚肉に半分ほど火が通ったら、Ⓐを加えて炒める。

4 食パン1枚に**1**のレタスをひき、**3**をのせる。もう1枚で挟み、半分に切る。お好みで粗挽き黒こしょう少々（分量外）をふる。

 料理 & 栄養メモ　　台湾名物の「胡椒餅（フージャオビン）」を食パンでイメージして。たっぷりの粗挽き黒こしょう、にらやにんにくなどの食材を使ったパンチの効いた味つけです。

ベーコンと水菜の
カシューナッツ醤サンド

1人あたり
374
kcal

材料（2人分）

食パン（6枚切り）--- 2枚

ベーコン（ブロック）--- 50g

水菜 --- 20g

Ⓐ
- カシューナッツ --- 10粒
- 長ねぎ --- 1/4本
- しょうが --- 1/2片（3g）
- しょうゆ --- 小さじ1
- 米酢 --- 小さじ1
- ごま油 --- 小さじ1

Ⓑ
- マヨネーズ --- 大さじ1
- しょうゆ --- 小さじ1/4

作り方

1 ベーコンは1cm角に切る。水菜は3cm幅に切る。

2 Ⓐのカシューナッツは粗みじん切りにする。長ねぎ、しょうがはそれぞれみじん切りにする。ボウルにⒶの材料を合わせておく。

3 フライパンを中火で温め、油をひかずに1のベーコンに焼き色がつくまで焼く。

4 2のボウルに1の水菜、3を入れて和える。

5 食パン2枚は片面にⒷをぬり、1000Wのオーブントースターで2〜3分焼く。1枚のⒷをぬった面に4をのせる。もう1枚のⒷをぬった面を下にして挟み、半分に切る。

✓ 料理＆栄養メモ　　中華料理に欠かせない調味料「醤（ジャン）」を、カシューナッツで一から手作り。食べるソースのような感じで、具材とよくからめて食べるのがおすすめです。

豚肉とたけのこの
チンジャオロースサンド

材料（2人分）

食パン（山型・6枚切り）--- 2枚

豚こま切れ肉 --- 80g

たけのこ（水煮）--- 40g

ピーマン --- 1個

レタス --- 葉1枚

しょうが --- 1片 (6g)

Ⓐ 塩 --- 少々
　 粗挽き黒こしょう --- 少々

片栗粉 --- 小さじ1

Ⓑ しょうゆ --- 小さじ2
　 砂糖 --- 小さじ2
　 酒 --- 小さじ2
　 オイスターソース --- 小さじ1

サラダ油 --- 小さじ2

作り方

1 豚肉はⒶをもみ込んで下味をつけ、片栗粉を全体にまぶしてさらにもみ込む。

2 たけのこ、ピーマンはそれぞれ3mm幅の細切りにする。レタスは食パンにのる大きさに手でちぎる。しょうがはみじん切りにする。

3 フライパンにサラダ油をひき、**2**のしょうがを中火で炒める。しょうがの香りがたってきたら、たけのこ、ピーマンを入れて炒める。

4 たけのことピーマンがしんなりとしたら、**1**を入れて炒める。豚肉に半分ほど火が通ったら、Ⓑを加えて味つけする。

5 食パン1枚に**2**のレタスをひき、**4**をのせる。もう1枚で挟み、半分に切る。

料理＆栄養メモ　たけのことピーマンのシャキシャキ感が、ふわふわの食パンと相性がよくやみつきに！　たけのこはカリウムが豊富で、むくみ防止などの効果が期待できます。

ルーローハン風ホットサンド

1人あたり
383
kcal

材料（2人分）

食パン（ライ麦・6枚切り）--- 2枚

豚ひき肉 --- 80g

しいたけ --- 1個

にんにく --- 1片 (6g)

Ⓐ
酒 --- 小さじ2
しょうゆ --- 小さじ1
オイスターソース --- 小さじ1
砂糖 --- 小さじ1/2
五香粉 --- 小さじ1/2

ピザ用チーズ --- 20g

ごま油 --- 小さじ2

バター --- 5g

作り方

1 しいたけは軸を切り、5mm角に切る。にんにくはみじん切りにする。

2 フライパンにごま油をひき、**1**のにんにくを弱火で炒める。にんにくの香りがたってきたら、豚肉、**1**のしいたけを入れて、ヘラなどでそぼろ状になるように中火で炒める。

3 豚肉に半分ほど火が通ったら、Ⓐを加えて味つけする。

4 食パン1枚のフチに包丁の先で浅く切り目を入れ、スプーンで押してくぼみを作る。くぼみに **3**、ピザ用チーズをのせてもう1枚で挟む（P.116の1〜3参照）。

5 フライパンにバターを溶かし、弱中火の状態で **4** をのせる。アルミホイルをかぶせて、重石をのせて焼く。2〜3分焼いたらひっくり返し、再びアルミホイルをかぶせて重石をのせる（P.116、117の4〜7参照）。

6 焼き色がついたら取り出し、半分に切る。

料理 & 栄養メモ　台湾を代表する「ルーローハン」を、豚ひき肉でアレンジしホットサンドに。八角、シナモン、花椒などのスパイスを使った濃いめの味わいとチーズがよく合います。

台湾風とんかつと
キャベツのサンド

1人あたり
402
kcal

材料（2人分）

食パン（6枚切り）‑‑‑2枚

豚ロース肉（とんかつ用）‑‑‑100g

キャベツ‑‑‑葉1枚

片栗粉‑‑‑大さじ1

Ⓐ
酒‑‑‑大さじ1
オイスターソース‑‑‑大さじ1
砂糖‑‑‑小さじ2
五香粉‑‑‑小さじ1/2
粗挽き黒こしょう‑‑‑少々

ごま油‑‑‑大さじ1

作り方

1 豚肉はフォークで表面全体に穴をあける。上からラップをかぶせて、めん棒などでたたいて伸ばす。片栗粉を両面にまぶす。

2 キャベツは2mm幅の千切りにし、氷水に2分ほどさらして水けをきる。

3 フライパンにごま油をひき、**1**の両面を中火で焼く。ペーパータオルで余計な油をふき取り、焼き色がついたらⒶを加えて豚肉とからめながら炒める。

4 食パン2枚は1000Wのオーブントースターで2〜3分焼く。1枚に**2**、**3**をのせて、フライパンに残ったソースをかける。もう1枚で挟み、半分に切る。

 料理 & 栄養メモ　　五香粉やオイスターソースの旨みが口いっぱいに広がります。豚肉は揚げずにヘルシーに。こってり系の味つけですが、キャベツを合わせるので重く感じません。

ささみときゅうりの
バンバンジーサンド

1人あたり
299
kcal

材料（2人分）

食パン（ライ麦・6枚切り）---2枚

鶏ささみ---1本

きゅうり---1/2本

Ⓐ
｜しょうゆ---小さじ2
｜砂糖---小さじ1
｜ごま油---小さじ1
｜豆板醤---小さじ1/4
｜すりごま（白）---小さじ2

Ⓑ
｜マヨネーズ---大さじ1
｜すりごま（白）---小さじ1

作り方

1 ささみはフォークで数カ所に穴をあけ、耐熱皿に並べる。酒大さじ1（分量外）をふりかけてふんわりとラップをし、600Wの電子レンジで2～2分半加熱する。粗熱をとり、手で細かく裂く。

2 きゅうりは縦半分に切り、2mm幅の斜め切りにする。

3 ボウルに**1**、**2**、Ⓐを入れて和える。

4 食パン2枚の片面にⒷをぬり、1000Wのオーブントースターで2～3分焼く。1枚のⒷをぬった面に**3**をのせ、もう1枚のⒷをぬった面を下にして挟み、半分に切る。

 料理 & 栄養メモ　バンバンジーの味つけとパンにぬるソースの両方にすりごまを入れているので、ごま好きにはたまらない一品。鶏ささみときゅうりのヘルシーな組み合わせです。

切り干し大根と
高菜マヨの黒酢サンド

1人あたり
329
kcal

材料（2人分）

食パン（6枚切り）---2枚

切り干し大根（乾燥）---20g

Ⓐ
　高菜漬け（市販）---20g
　マヨネーズ---大さじ3
　黒酢---小さじ1
　粗挽き黒こしょう---少々
　いりごま（黒）---小さじ1

作り方

1 切り干し大根は水で戻し、しっかりと水けをきり2cm幅に切る。

2 ボウルに**1**、Ⓐを入れて和える。

3 食パン2枚は1000Wのオーブントースターで2〜3分焼く。1枚に**2**をのせて、もう1枚で挟み、半分に切る。

 料理＆栄養メモ　ぽりぽりとおいしい切り干し大根、歯ごたえのある高菜漬けの食感がよく合います。食べごたえがあるので、腹持ちがいいのも◎。黒酢の酸味を隠し味に。

花椒タルタルと
レタスのサンド

1人あたり
303
kcal

材料（2人分）

サンドイッチ用パン - - - 4枚

サニーレタス - - - 葉1枚

卵 - - - 2個

Ⓐ
| マヨネーズ - - - 大さじ3
| 牛乳 - - - 大さじ1/2
| オイスターソース - - - 小さじ1
| 花椒 - - - 小さじ1/2

作り方

1 固ゆでのゆで卵を作る。卵は常温に戻す。鍋に、卵が浸かる量の水、卵、塩少々（分量外）を入れて火にかける。沸騰した状態で13分ほどゆでて殻をむく。

2 1を黄身と白身に分ける。黄身はスプーンの背でつぶし、白身は包丁でみじん切りにする。

3 サニーレタスはサンドイッチ用パンにのる大きさに手でちぎる。Ⓐの花椒はミルなどで削る。

4 ボウルに2、Ⓐを入れて和える。

5 サンドイッチ用パン2枚に3のサニーレタスをひき、4をのせる。残りの2枚でそれぞれ挟み、半分に切る。

 料理 & 栄養メモ　卵やマヨネーズのやさしい味わいのなかに、ほんのりと花椒の香りを感じられる大人のタルタルソース。サニーレタスなどのシャキシャキした食材と相性がいいです。

えびチリ卵サンド

1人あたり
325
kcal

材料（2人分）

食パン（山型・6枚切り）--- 2枚

むきえび --- 50g

レタス --- 葉1枚

にんにく --- 1片（6g）

片栗粉 --- 小さじ1

溶き卵 --- 1個分

Ⓐ
水 --- 大さじ3
ケチャップ --- 大さじ2
スイートチリソース --- 大さじ1
しょうゆ --- 小さじ1

ごま油 --- 小さじ3

作り方

1 えびは竹串で背ワタを取り、片栗粉をまぶす。レタスは5mm幅の千切りにする。にんにくはみじん切りにする。

2 半熟のスクランブルエッグを作る。フライパンにごま油小さじ1をひき、強火で温める。溶き卵を1滴落とし、じゅっと音がしたら全量を流し入れる。5秒ほどで火をとめ、ヘラなどで大きくかき混ぜる。

3 フライパンにごま油小さじ2をひき、**1**のにんにくを弱火で炒める。にんにくの香りがたってきたら、えびを入れて中火で炒める。

4 えびの表面に焼き色がついたらⒶを加え、からめながら煮詰める。

5 食パン2枚は1000Wのオーブントースターで2〜3分焼く。1枚に**1**のレタス→**2**→**4**の順にのせ、もう1枚で挟み、半分に切る。

☑ 料理＆栄養メモ　スイートチリソースを使ったえびチリの辛みと甘み、甘くてやわらかなふわふわ卵の味わいが絶品。辛い味が苦手な方にも食べてほしい、甘辛のやさしい味つけです。

まぐろと山芋の
四川風オープンサンド

1人あたり
237
kcal

材料（2人分）

バゲット（1cm幅）- - - 8枚

まぐろ（柵）- - - 60g

山芋（長芋でも可）- - - 50g

Ⓐ
ごま油 - - - 大さじ1
しょうゆ - - - 小さじ1/2
豆板醤 - - - 小さじ1/2
花椒 - - - 小さじ1/4

バター - - - 5g

いりごま（白）- - - 小さじ1

作り方

1 まぐろ、山芋はそれぞれ1cm角に切る。Ⓐの花椒はミルなどで削る。バターは常温に戻す。

2 ボウルにⒶを混ぜ合わせ、**1**のまぐろ、山芋を入れて和える。

3 バゲット8枚それぞれに**1**のバターをぬり、1000Wのオーブントースターで2〜3分焼く。

4 **3**に**2**をのせて、いりごまをふる。

☑ 料理 & 栄養メモ　　まぐろ×すりおろした山芋の組み合わせはつまみの定番ですが、山芋を角切りにすると食感がよく、熱々のバゲットとも相性抜群。おつまみとしてお酒のおともにも。

韓国のりとハムチーズのサンド

材料（2人分）

サンドイッチ用パン --- 4枚

韓国のり --- 8枚

チェダーチーズ（スライス）--- 2枚

ロースハム --- 2枚

サンチュ --- 葉2枚

Ⓐ ┌ マヨネーズ --- 大さじ2
  └ 練りわさび --- 小さじ1/4

作り方

1 サンドイッチ用パン4枚の片面にⒶをぬる。2枚のⒶをぬった面に韓国のりを4枚ずつのせる。

2 サンチュはサンドイッチ用パンにのる大きさに手でちぎる。

3 1の韓国のりをのせたパン2枚にロースハム、チェダーチーズを1枚ずつ順にのせる。2をのせ、1の残りの2枚のⒶをぬった面を下にしてそれぞれ挟み、半分に切る。

✓ 料理 & 栄養メモ　おなじみのハムチーズサンドに韓国のりとサンチュを足して、香ばしさや食感をプラス。鼻へツンと抜けるわさびマヨの風味が、何度も食べたくなる味の決め手に！

納豆キムチと
カマンベールチーズのサンド

1人あたり
299
kcal

材料（2人分）

食パン（6枚切り）--- 2枚

納豆 --- 1パック（40g）

白菜キムチ（市販）--- 30g

カマンベールチーズ（カットタイプ）
--- 1ピース（20g）

ごま油 --- 小さじ2

作り方

1 納豆に付属のたれ（なければしょうゆ小さじ1/2）、白菜キムチを入れて混ぜる。

2 カマンベールチーズは食べやすい大きさに手でちぎる。

3 食パン2枚の片面にごま油をぬり、1枚のごま油をぬった面に **1**、**2** をのせる。1000Wのオーブントースターで2〜3分焼く（もう1枚も同時に焼く）。

4 もう1枚のパンのごま油をぬった面を下にして挟み、半分に切る。

 料理 & 栄養メモ　納豆、キムチ、カマンベールチーズと、発酵食品をふんだんに使ったお腹にうれしいサンド。キムチにしっかりと味がついているので、調味料を使わなくても OK。

エリンギとミニトマトの
コチュマヨサンド

1人あたり
301
kcal

材料（2人分）

食パン（山型・6枚切り）--- 2枚

エリンギ --- 2本（100g）

ミニトマト --- 4個

しょうゆ --- 小さじ1

Ⓐ ┌ しょうが --- 1/2片（3g）
　├ マヨネーズ --- 大さじ2
　└ コチュジャン --- 小さじ1

バター --- 10g

作り方

1 エリンギは縦に5mm幅に切る。ミニトマトはヘタを取り、縦4等分に切る。

2 Ⓐのしょうがはすりおろす。

3 フライパンにバターを溶かし、**1**のエリンギを中火で炒める。しんなりとしてきたら、しょうゆを加えて味つけする。

4 ボウルに**1**のミニトマト、**3**、Ⓐを入れて和える。

5 食パン2枚は1000Wのオーブントースターで2～3分焼く。1枚に**4**をのせ、もう1枚で挟み、半分に切る。

 料理＆栄養メモ

コチュジャンの辛みにマヨネーズのコクとやさしい味わいをプラスした、辛さが苦手な方にも食べやすい味です。ミニトマトは、少量でも細かく切ればカサ増しに。

レモンティラミス風サンド

1人あたり
336
kcal

材料 (2人分)

バゲット (5mm幅) --- 10枚

レモン --- 1/2個

マスカルポーネ --- 100g

生クリーム (乳脂肪分35%) --- 50ml

グラニュー糖 --- 大さじ1/2

作り方

1 レモンは皮をよく洗い、薄く削る。果汁を絞る。

2 ボウルに生クリーム、グラニュー糖を入れてホイッパーなどで泡立てる (9分立て)。マスカルポーネを入れて混ぜ、**1**の果汁を少しずつ加えながら混ぜる。

3 バゲット5枚に**2**をのせ、**1**の皮を散らして挟む。

☑ 料理 & 栄養メモ

マスカルポーネを使ってティラミス風のふんわりムースに。レモンの爽快感を引き立てたいので、甘すぎない味わいにしています。

(5章) フルーツサンド

ピンクグレープフルーツの
フロマージュペッパーサンド

1人あたり
247
kcal

材料（2人分）

イングリッシュマフィン --- 2個

ピンクグレープフルーツ

--- 1/2個（100g）

Ⓐ ┌ クリームチーズ --- 50g
  │ ヨーグルト（無糖）--- 大さじ1
  └ 粗挽き黒こしょう --- 小さじ1/4

作り方

1 ピンクグレープフルーツは皮をむいて薄皮と種を取り、半分に切る。ボウルでⒶとともに和える。

2 イングリッシュマフィン2個は割り、1000Wのオーブントースターで2〜3分焼く。1を挟み半分に切る。

料理 & 栄養メモ

「フロマージュ」とは、フランス語でチーズを意味します。甘さとのコントラストとして、仕上げに粗挽き黒こしょうをひとふり。

果肉のみずみずしさが口いっぱいに広がる、ジューシーなフルーツサンド。
柑橘系の酸味を活かしたり、フルーツとクリームの甘みを堪能したり。
ホッと気持ちを落ち着かせたいときのおやつとしてもどうぞ。

バナナとココナッツの
ヨーグルトサンド

1人あたり
379
kcal

材料（2人分）

食パン（6枚切り）--- 2枚

バナナ --- 1本

ヨーグルト（無糖）--- 200g

ココナッツファイン --- 大さじ2

オリーブオイル --- 大さじ1

はちみつ --- 大さじ1

作り方

1 ボウルにザルを重ねてのせ、ペーパータオルをひく。ヨーグルトを入れてラップをし、冷蔵庫で4時間ほど水切りをする。

2 バナナは1cm幅の輪切りにする。

3 食パン2枚の片面にオリーブオイルをぬり、1000Wのオーブントースターで2〜3分焼く。

4 ボウルに水切りした**1**、**2**、ココナッツファイン、はちみつを入れて混ぜる。

5 **3**の1枚のオリーブオイルをぬった面に**4**をのせる。もう1枚のオリーブオイルをぬった面を下にして挟み、半分に切る。

 料理 & 栄養メモ　　タイのおやつをイメージした、水切りヨーグルトを使ったあっさりクリーム仕立てのヘルシーバナナサンド。ココナッツファインのしゃりしゃりした食感がクセに！

パイナップルとマシュマロの
塩キャラメルオープンサンド

1人あたり
149
kcal

材料（2人分）

食パン（ライ麦・6枚切り）--- 1枚

パイナップル（カット）--- 50g

マシュマロ（プレーン）--- 6個

キャラメルソース（市販）--- 大さじ1

塩 --- 少々

作り方

1 食パンにキャラメルソースをぬり、全体に塩をふる。

2 パイナップル、マシュマロを並べて1000Wのオーブントースターで3～4分焼く。焼けたら取り出し、半分に切る。

 料理 & 栄養メモ　　キャラメルソースに塩をふり、キリッと甘じょっぱく。トースターで焼いたジューシーなパイナップル、香ばしいふわふわのマシュマロのおいしさを楽しめます。

キウイと
バニラクリームの
アイスサンド

1人あたり
422
kcal

材料（2人分）

食パン（ライ麦・6枚切り）‑‑‑2枚

キウイ‑‑‑1個

バニラアイス（市販）‑‑‑100g

クリームチーズ‑‑‑50g

ごま油‑‑‑小さじ2

塩‑‑‑少々

作り方

1 キウイは皮をむき、すりおろす。

2 バニラアイス、クリームチーズはそれぞれ常温に戻し、少しやわらかくする。

3 ボウルに**1**、**2**を入れてよく混ぜ、チャックつき保存袋に入れて平らにし、冷凍庫で1～2時間冷やす。

4 食パン2枚は耳を切る。2枚の片面にごま油をぬり、全体に塩をふる。1000Wのオーブントースターで2～3分焼く。

5 **3**をアイスクリームディッシャー（または大きめのスプーン）ですくい、**4**の1枚のごま油をぬった面にのせる。もう1枚のごま油をぬった面を下にして挟み、半分に切る。

🗒 料理＆栄養メモ

ごま油の香ばしさと塩のしょっぱさ、キウイ風味のさっぱりとした冷たいアイスがよく合います。キウイの果肉を使うので、種のつぶつぶ感が感じられて食感のアクセントに。

ストロベリー
コンデンスチョコサンド

1人あたり
312
kcal

材料（2人分）

バゲット（5㎜幅）--- 10枚

いちご --- 5粒

クリームチーズ --- 100g

コンデンスミルク --- 大さじ1

チョコチップ --- 大さじ1

作り方

1 いちごはヘタを取り、5㎜角に切る。クリームチーズは常温に戻す。

2 ボウルに **1** のクリームチーズ、コンデンスミルクを入れて混ぜる。**1** のいちご、チョコチップを入れてさらに混ぜ合わせる。

3 バゲット5枚に **2** をのせ、残りの5枚でそれぞれ挟む。

✓ 料理 & 栄養メモ　いちご×コンデンスミルクのおなじみの組み合わせに、チョコチップを加えて口ざわりの楽しいサンドに。クリーミーななかに酸味を感じる、やさしい味わいです。

ミックスフルーツサンド

1人あたり
368
kcal

材料（2人分）

サンドイッチ用パン --- 4枚

ミックスフルーツ

（今回はパイナップル、みかん、

ももを使用）--- 1缶（100g）

生クリーム

（乳脂肪分35%）--- 100㎖

グラニュー糖 --- 大さじ1

作り方

1 ボウルに生クリーム、グラニュー糖を入れてホイッパーなどで泡立てる（9分立て）。

2 ミックスフルーツは汁けをきる。

3 サンドイッチ用パン4枚の片面に **1** をぬる。2枚の **1** をぬった面に **2** をのせる。残りの2枚の **1** をぬった面を下にしてそれぞれ挟み、ラップで包んで冷蔵庫で30分冷やす。冷えたら半分に切る。

 料理＆栄養メモ　缶詰のフルーツを使って作る、シンプルなお手軽フルーツサンド。素朴な味わいでどこか懐かしく、気持ちがホッとします。お子さんとのおやつタイムにもどうぞ。

メロンの抹茶クリームサンド

1人あたり
344
kcal

材料（2人分）

サンドイッチ用パン --- 4枚

メロン（カット）--- 100g

生クリーム（乳脂肪分35%）--- 100mℓ

グラニュー糖 --- 大さじ1

抹茶パウダー --- 小さじ1

作り方

1 抹茶クリームを作る。ボウルにグラニュー糖、抹茶パウダーを入れてホイッパーなどで混ぜ合わせる。生クリームをゆっくりとそそぎ入れて泡立てる（9分立て）。

2 サンドイッチ用パン4枚の片面に **1** をぬる。2枚の **1** をぬった面にメロンをのせる。残りの2枚の **1** をぬった面を下にしてそれぞれ挟み、ラップで包んで冷蔵庫で30分ほど冷やす。4等分に切る。

 料理 & 栄養メモ　メロンと香り豊かな抹茶の組み合わせは、しっとりと落ち着いた味わいで和菓子を食べているような気分に。淡い緑色で統一された、見た目にも楽しい一品です。

いちじくとあんこの
くるみクリームサンド

1人あたり
458
kcal

材料（2人分）

イングリッシュマフィン --- 2個

いちじく（乾燥）--- 4個

あんこ（市販）--- 60g

くるみ --- 5粒

クリームチーズ --- 50g

作り方

1 くるみは包丁で細かく砕く。クリームチーズは常温に戻す。

2 ボウルに **1** を入れて混ぜ合わせる。

3 イングリッシュマフィン2個は半分に割り、1000Wのオーブントースターで2～3分焼く。

4 **3** の下半分にあんこ→いちじく（2個ずつ）→ **2** の順にのせる。もう半分で挟み、半分に切る。

料理 & 栄養メモ　いちじくの奥深い甘さ、あんこの昔懐かしい甘み、カリッとしたくるみの食感が合わさった新食感サンド。焼いたイングリッシュマフィンの塩けとも相性ばっちり。

マスカットの
ミントクリームサンド

1人あたり 391 kcal

材料（2人分）

食パン（ライ麦・6枚切り）--- 2枚

マスカット（種なし）--- 12粒

スペアミント --- 葉10枚

マスカルポーネ --- 100g

生クリーム（乳脂肪分35％）--- 50㎖

グラニュー糖 --- 大さじ1/2

作り方

1 食パン2枚は耳を切る。スペアミントは手で細かくちぎる。

2 ミントクリームを作る。ボウルに生クリーム、グラニュー糖を入れてホイッパーなどで泡立てる（9分立て）。マスカルポーネを少しずつ加えながら、なめらかになるまで混ぜる。**1**のスペアミントを入れてさっと混ぜる。

3 **1**の2枚の片面に**2**をぬる。1枚の**2**をぬった面にマスカットを並べて、もう1枚の**2**をぬった面を下にして挟む。ラップで包み、冷蔵庫で30分冷やす。冷えたら4等分に切る。

☑ 料理 & 栄養メモ　爽やかな酸味のマスカットとミントのコンビで、口いっぱいに清涼感が広がります。ミントはちぎると香りが立つので、葉をちぎってクリームに混ぜましょう。

ブルーベリーの
ゆずこしょうクリームサンド

1人あたり 340 kcal

材料（2人分）

サンドイッチ用パン --- 4枚

ブルーベリー --- 80g

生クリーム（乳脂肪分35％）

　--- 100㎖

グラニュー糖 --- 大さじ1

ゆずこしょう --- 小さじ1/2

作り方

1 ブルーベリーは洗って水けをきる。

2 ゆずこしょうクリームを作る。ボウルに生クリーム、グラニュー糖を入れてホイッパーなどで泡立てる（9分立て）。ゆずこしょうを加えて、なじむまでさらに混ぜる。

3 サンドイッチ用パン4枚の片面に**2**をぬる。2枚の**2**をぬった面に**1**を並べて、残りの2枚の**2**をぬった面を下にしてそれぞれ挟む。ラップで包み、冷蔵庫で30分冷やす。冷えたら4等分に切る。

☑ 料理 & 栄養メモ　食べた瞬間、ゆずこしょうの風味がのどの奥にふわっと広がる大人のフルーツサンドです。パキッと歯ごたえのあるブルーベリーの食感もやみつきに。

マロンカスタードクリームサンド

1人あたり
349
kcal

材料（2人分）

食パン（ライ麦・6枚切り）--- 2枚

むき栗（市販）--- 30g

卵黄 --- 2個分

グラニュー糖 --- 30g

薄力粉 --- 15g

牛乳 --- 200㎖

作り方

1 むき栗は2㎜幅の薄切りにする。

2 マロンカスタードクリームを作る。ボウルに卵黄、グラニュー糖を入れてホイッパーなどで混ぜる。なめらかになったら薄力粉を少しずつ加えながら混ぜる。

3 鍋に牛乳を入れ、中火で温める。水面がぐらぐらしてきたら火をとめ、**2**に少しずつ加えながら混ぜる。

4 **3**を鍋に戻し、弱火で温めながらヘラで「の」の字を書くように鍋底からすくって混ぜる。もったりとしてきたらバットに移す。別のバットに氷水をはり、**3**を入れたバットをのせて冷やす。冷えたら**1**を入れて混ぜる。

5 食パン1枚に**4**をのせ、もう1枚で挟む。ラップで包み、冷蔵庫で20分冷やす。冷えたら4等分に切る。

☑ 料理 & 栄養メモ　手作りのカスタードクリームに市販のむき栗を入れて、栗の旨みと食感をプラスしています。秋に限らず、食べたいときに作れるのもうれしいポイントです。

りんごとカマンベールチーズの
シナモンサンド

1人あたり
307
kcal

材料（2人分）

食パン（ライ麦・6枚切り）--- 2枚
りんご --- 1/4個
カマンベールチーズ（カットタイプ）
--- 2ピース（40g）
Ⓐ しょうが --- 1/2片（3g）
オリーブオイル --- 小さじ2
コンデンスミルク --- 大さじ1
シナモンパウダー --- 少々

作り方

1 りんごは縦に3mm幅の薄切りにする。カマンベールチーズは縦半分に切る。

2 Ⓐのしょうがはすりおろし、オリーブオイルと混ぜ合わせる。

3 食パン2枚の片面にⒶをぬる。1枚のⒶをぬった面に**1**のりんごを重ねながら並べ、カマンベールチーズをのせる。コンデンスミルクを全体にかけ、1000Wのオーブントースターで2〜3分焼く（もう1枚も同時に焼く）。

4 **3**の具をのせた1枚全体に、シナモンパウダーをふる。もう1枚のⒶをぬった面を下にして挟み、半分に切る。

 料理 & 栄養メモ
りんごの甘さ、シナモンの香り、濃厚なチーズがたまりません。パンにしょうがとオリーブオイルをぬり、キリッと味をしめて。熱々のうちにほおばるのが幸せです。

素材別 INDEX

本 書 の 制 作 に ご 協 力 頂 い た 企 業

敷 島 製 パ ン 株 式 会 社

1920年の創業以来、「パンで社会に貢献する」という理念のもと事業を展開しています。長い伝統に培われた技術力と、新しい価値づくりへのチャレンジ精神は、数々のロングセラー商品を生み、食パン全国市場で「超熟」がNo.1のシェアを獲得するなど、トップメーカーの自負と誇りを持って100年にわたりパンを焼き続けています。また、国産小麦の小麦粉を使用したパンづくりで、日本の食料自給率向上へ貢献する取り組みを続けています。

〔HP〕https://www.pasconet.co.jp/ 〔TEL〕0120-084-835（Pascoお客さま相談室）

※角食パン2種、山型食パン、サンドイッチ用パン、ホットドッグ用パン、カンパーニュ、イングリッシュマフィン、ベーグル、バゲットのご提供

エダジュン

パクチー料理研究家。管理栄養士。管理栄養士資格取得
後、株式会社スマイルズ入社。Soup Stock Tokyoの本社
業務に携わり、2013年に独立。固定概念にとらわれずに
料理を楽しむことを大切にしている。著書に『クセになる!
パクチーレシピブック』(PARCO出版)、『これ1品で献立
いらず! 野菜たっぷり具だくさんの主役スープ150』(誠
文堂新光社)をはじめとする主役シリーズなど、ほか多数。

撮影 — 福井裕子　　　　　　編集 — 太田菜津美(nikoworks)
デザイン — 八木孝枝　　　　料理アシスタント — 関沢愛美
スタイリング — 木村遥　　　制作協力 — 敷島製パン株式会社　UTUWA

これ1品で献立いらず!
野菜たっぷり具だくさんの主役サンド150

2020年8月15日　発　行　　　　　　　　　　　　NDC596

著　者　エダジュン
発行者　小川雄一
発行所　株式会社 誠文堂新光社
　　　　〒113-0033 東京都文京区本郷 3-3-11
　　　　[編集] 電話 03-5800-3614
　　　　[販売] 電話 03-5800-5780
　　　　https://www.seibundo-shinkosha.net/
印刷所　株式会社 大熊整美堂
製本所　和光堂 株式会社

©2020. Edajun.　　Printed in Japan　　検印省略
本書記載の記事の無断転用を禁じます。
万一落丁・乱丁本の場合はお取り替えいたします。

本書のコピー、スキャン、デジタル化等の無断複製は、著作権法上での例外を除き、
禁じられています。本書を代行業者等の第三者に依頼してスキャンやデジタル化
することは、たとえ個人や家庭内での利用であっても著作権法上認められません。

JCOPY <(一社) 出版者著作権管理機構　委託出版物>
本書を無断で複製複写(コピー)することは、著作権法上での例外を除き、禁
じられています。本書をコピーされる場合は、そのつど事前に、(一社) 出版者
著作権管理機構(電話 03-5244-5088 ／ FAX 03-5244 5089 ／e-mail：info@jcopy.
or.jp)の許諾を得てください。

ISBN978-4-416-62022-9